PATRIMÔNIO TURÍSTICO DO BRASIL

O selo DIALÓGICA da Editora InterSaberes faz referência às publicações que privilegiam uma linguagem na qual o autor dialoga com o leitor por meio de recursos textuais e visuais, o que torna o conteúdo muito mais dinâmico. São livros que criam um ambiente de interação com o leitor – seu universo cultural, social e de elaboração de conhecimentos –, possibilitando um real processo de interlocução para que a comunicação se efetive.

PATRIMÔNIO TURÍSTICO DO BRASIL

Aluísio Finazzi Porto

1ª edição, 2015.
Foi feito o depósito legal.

Informamos que é de inteira responsabilidade do autor a emissão de conceitos.

Nenhuma parte desta publicação poderá ser reproduzida por qualquer meio ou forma sem a prévia autorização da Editora InterSaberes.

A violação dos direitos autorais é crime estabelecido na Lei n. 9.610/1998 e punido pelo art. 184 do Código Penal.

Dados Internacionais de Catalogação na Publicação (CIP)
(Câmara Brasileira do Livro, SP, Brasil)

Porto, Aluísio Finazzi
Patrimônio turístico do Brasil/Aluísio Finazzi Porto. Curitiba: InterSaberes, 2015.

Bibliografia.
ISBN 978-85-443-0172-2

1. Cultura 2. Patrimônio cultural – Brasil 3. Patrimônio cultural – Proteção 4. Patrimônio histórico 5. Preservação histórica I. Título.

15-01260   CDD-363.690981

Índice para catálogo sistemático:
1. Brasil: Patrimônio turístico 363.690981

CONSELHO EDITORIAL Dr. Ivo José Both (presidente)
Dr.ª Elena Godoy
Dr. Neri dos Santos
Dr. Ulf Gregor Baranow
EDITORA-CHEFE Lindsay Azambuja
SUPERVISORA EDITORIAL Ariadne Nunes Wenger
ANALISTA EDITORIAL Ariel Martins
PREPARAÇÃO DE ORIGINAIS Belaprosa
CAPA E PROJETO GRÁFICO Laís Galvão dos Santos
FOTOGRAFIAS DA CAPA Fotolia
DIAGRAMAÇÃO Estúdio Nótua

Rua Clara Vendramin, 58 • Mossunguê • CEP 81200-170
Curitiba • PR • Brasil • Fone: (41) 2106-4170
www.intersaberes.com
editora@editoraintersaberes.com.br

···· SUMÁRIO ····

Apresentação, 7
Como aproveitar ao máximo este livro, 10
Introdução, 15

CAPÍTULO 1 • PATRIMÔNIO E A SUA TIPOLOGIA, 21

1.1 Definição de *patrimônio* ontem e hoje, 23
1.2 A Unesco e o patrimônio mundial, 25
1.3 Como funciona a Lista do Patrimônio da Humanidade, 27
1.4 O Iphan e a construção do arquivo nacional do patrimônio brasileiro, 29

CAPÍTULO 2 • A RELAÇÃO ENTRE O PATRIMÔNIO E A ATIVIDADE TURÍSTICA NO BRASIL, 37

2.1 A atividade turística no mundo e na América do Sul e a demanda da atividade turística no Brasil, 39
2.2 A oferta da atividade turística no Brasil, 44
2.3 Patrimônio e turismo no Brasil, 46
2.4 O turismo cultural, 48

CAPÍTULO 3 • INTERPRETAÇÃO DE PATRIMÔNIO, 59

3.1 A diferença entre compreender e interpretar, 61
3.2 A interpretação de patrimônio turístico, 62

CAPÍTULO 4 • A IMPORTÂNCIA DA PROTEÇÃO DO PATRIMÔNIO, 71

4.1 O reconhecimento de um patrimônio, 73

4.2 Impactos da preservação do patrimônio, 74
4.3 Como a preservação influencia a opinião pública, 75

CAPÍTULO 5 • A LEGISLAÇÃO, AS POLÍTICAS PÚBLICAS E OS ÓRGÃOS RESPONSÁVEIS PELA PRESERVAÇÃO DE BENS HISTÓRICOS, CULTURAIS E NATURAIS NO BRASIL, 85

5.1 Breve histórico da preservação do patrimônio no Brasil, 87
5.2 Legislação correlata, 93
5.3 Os instrumentos de salvaguarda: inventário, registro e tombamento, 97

CAPÍTULO 6 • PATRIMÔNIOS DA HUMANIDADE NO BRASIL, 105

6.1 A Lista de Patrimônios Culturais da Humanidade no Brasil, 107
6.2 A Lista de Patrimônios Naturais da Humanidade no Brasil, 145

CAPÍTULO 7 • A RELAÇÃO ENTRE O PATRIMÔNIO E AS COMUNIDADES LOCAIS NO BRASIL, 171

7.1 A formação do povo brasileiro, as comunidades locais e o patrimônio, 173
7.2 As comunidades locais, suas ferramentas e seus modos de vida, 179

CAPÍTULO 8 • AS CULTURAS REGIONAIS NO BRASIL COMO ATRATIVOS TURÍSTICOS, 191

8.1 As culturas regionais, as festas e a influência no patrimônio brasileiro, 193

Para concluir..., 204
Estudo de caso, 207
Referências, 213
Respostas, 226
Sobre o autor, 233

··APRESENTAÇÃO··

O Patrimônio da Humanidade, pensado modernamente, cumpre papel fundamental no que podemos chamar de *processo civilizatório mundial*. O conceito de *patrimônio* desenvolvido durante o século XX, acompanhado da necessidade cada vez maior de se buscar a sustentabilidade da natureza baseada em atividades economicamente viáveis, tem feito com que a integração com o turismo, atividade econômica de presença cada vez mais importante para diversos países, se aprofundasse desde o final do século passado até os dias de hoje.

Dessa forma, a capacidade de se entender e interpretar o patrimônio é essencial para que a atividade turística se desenvolva de maneira a não degradar aquilo que já é conquista de um povo. Quando entendemos e buscamos o aprofundamento do contexto em que se insere determinado patrimônio, podemos melhor interpretá-lo tanto do ponto de vista de quem recebe o visitante quanto do olhar de quem visita, criando, assim, maior valor para ambos.

Sendo assim, o desafio que se impõe neste livro, intitulado *Patrimônio turístico do Brasil*, é fortalecer os vínculos entre a questão patrimonial e a atividade turística, destacando as diversas tipologias de patrimônio existentes, assim como a vasta gama patrimonial que constitui o legado do povo brasileiro em relação ao turismo.

Dentro dessa perspectiva, a obra se divide em oito capítulos. Após o capítulo introdutório ao estudo do patrimônio, analisamos a tipologia de patrimônios e a relação entre patrimônio e atividade turística no Brasil. A seguir, aprofundamos a interpretação a respeito do patrimônio turístico, discutindo a importância da preservação patrimonial. Descrevemos também a legislação, as políticas públicas e os órgãos responsáveis pela preservação de bens históricos, culturais e naturais do país. A partir daí, enumeramos os patrimônios da humanidade tombados no Brasil e fazemos uma descrição de cada um deles, apontando sua relevância para o desenvolvimento do turismo no entorno. Analisamos a relação entre o patrimônio e as comunidades locais no Brasil e finalizamos com a discussão sobre a importância das culturas regionais brasileiras como atrativos turísticos.

Com esse panorama, estamos certos de que sua visão sobre o patrimônio turístico brasileiro será ampliada, criando assim melhores condições para o entendimento e a interpretação do rico acervo patrimonial deixado por nossos ancestrais.

Boa leitura!

• COMO APROVEITAR AO MÁXIMO ESTE LIVRO •

Este livro traz alguns recursos que visam enriquecer seu aprendizado, facilitar a compreensão dos conteúdos e tornar a leitura mais dinâmica. São ferramentas projetadas de acordo com a natureza dos temas que vamos examinar. Veja a seguir como esses recursos se encontram distribuídos no decorrer desta obra.

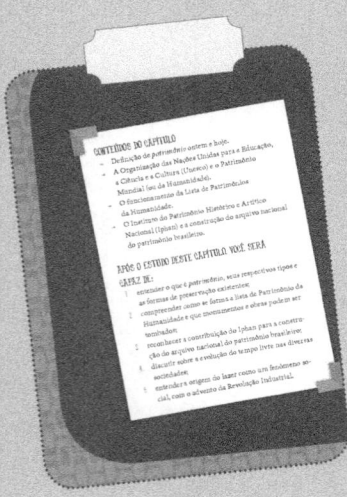

CONTEÚDOS DO CAPÍTULO

Logo na abertura do capítulo, você fica conhecendo os conteúdos que nele serão abordados.

APÓS O ESTUDO DESTE CAPÍTULO, VOCÊ SERÁ CAPAZ DE:

Você também é informado a respeito das competências que irá desenvolver e dos conhecimentos que irá adquirir com o estudo do capítulo.

SÍNTESE

Você dispõe, ao final do capítulo, de uma síntese que traz os principais conceitos nele abordados.

---

no Brasil [...]
manifestações culturais que compõem o cotidiano do Brasil acabaram sendo incorporadas ao calendário turístico. Desde janeiro, com as festas de réveillon, passando pelo verão e pelo Carnaval em fevereiro ou março, entrando em junho com as festas juninas no Brasil inteiro, e em julho, com as centenas de festivais de inverno realizados nas regiões Sul e Sudeste – todos esses acontecimentos compõem uma vasta gama de eventos ligados ao patrimônio cultural. Trataremos em capítulo específico sobre essa questão, já que as culturas regionais e as populações locais serão tema de nossa análise. Por ora, o mais importante é notar que, apesar de o Brasil ser um país que tem atratividade territorial, também há um componente importantíssimo no que diz respeito à influência do patrimônio nacional e à visita do turista. Seja pela integração com o cotidiano do povo, seja pela atração causada pelo vasto calendário de festas e eventos, o Brasil tem um amplo relacionamento entre turismo e patrimônio. Resta atentarmos ao nosso potencial.

Síntese

Neste capítulo, verificamos o desempenho do turismo mundial, assim como a demanda e a oferta da atividade turística no Brasil. Discutimos a influência do patrimônio brasileiro para o turismo no país e discorremos sobre como ele se insere na economia turística mundial e na economia brasileira. Falamos sobre a importância do patrimônio nacional para o turismo e observamos como eventos relacionados ao patrimônio ajudaram cidades a terem a frequência turística revitalizada.

Questões para revisão

1. Observamos que, desde 2000, houve um crescimento mundial de 50,2% no turismo, que passou de 689,2 milhões para 1,0355 bilhão de desembarques internacionais. O aumento foi constante, com uma leve queda em 2003 e 2009. Isso ocorreu provavelmente:
   1. em função da Guerra do Paraguai em 2002 e da invasão holandesa em 2008.
   2. em função da guerra fria entre Estados Unidos e União Soviética.
   3. em função dos atentados às torres gêmeas em Nova Iorque e do endurecimento do acesso aos Estados Unidos, e depois em 2009, em função da crise de econômica mundial de 2008.
   4. Nenhuma das alternativas anteriores está correta.

2. Observe a tabela a seguir e responda o que se pede:

QUESTÕES PARA REVISÃO

Com estas atividades, você tem a possibilidade de rever os principais conceitos analisados. Ao final do livro, o autor disponibiliza as respostas às questões, a fim de que você possa verificar como está sua aprendizagem.

QUESTÕES PARA REFLEXÃO

Nesta seção, a proposta é levá-lo a refletir criticamente sobre alguns assuntos e trocar ideias e experiências com seus pares.

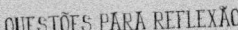

estão localizadas no litoral. Responda com suas palavras, baseando-se na imagem associada (e "vendida") do Brasil no exterior, qual é o motivo da procura por essas cidades.

3. Porque o Brasil apresenta taxas de crescimento do turismo acima da média mundial?

Questões para reflexão

1. O Brasil tem diversas festas populares que influenciam diretamente a viagem do turista; pense na força do Carnaval para o turismo do Pernambuco e do Rio de Janeiro, por exemplo. Reflita sobre isso e indique como seria o turismo nessas cidades sem o referido evento.

2. Imagine agora a importância das festas juninas para o turismo em Campina Grande, na Paraíba. Pesquise sobre as festas de São João e sua influência para a imagem dos estados do Nordeste. Faça uma analogia entre as festas juninas do Nordeste e da região em que você mora.

PARA SABER MAIS

Você pode consultar as obras indicadas nesta seção para aprofundar sua aprendizagem.

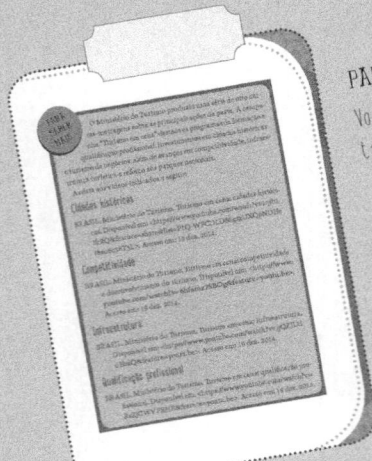

ESTUDO DE CASO

Esta seção traz ao seu conhecimento situações que vão aproximar os conteúdos estudados de sua prática profissional.

·· ESTUDO DE CASO¹ ··

Santana dos Montes é uma cidade localizada no Estado de Minas Gerais, distante 130 km da capital, Belo Horizonte. O antigo arraial do Morro do Chapéu originou-se no auge do ciclo do ouro, no início do século XVIII. Ao contrário da maioria das cidades ligadas a esse ciclo econômico, não foi a atividade mineradora que impulsionou o povoamento, mas sim a agricultura e a pecuária. As fartas águas do Alto Vale do Rio Piranga regavam terras férteis para a produção de alimentos que sustentavam a área de extração do ouro, com solos pobres.

Essa produção deu origem a um intenso tráfego de tropas, que tanto transportavam os gêneros alimentícios como traziam os bens necessários aos moradores da área.

A Estrada Real, em suas diversas ramificações, era o caminho usado pelos tropeiros para chegar às fazendas, que já na metade do século XVIII dominavam a paisagem. Com suas estruturas – além das casas-grandes e senzalas, também dispunham de terreiros, engenhos, moinhos, estruturas de pouso e armazéns –, recebiam viajantes e tropeiros que ali negociavam, alimentavam-se e se hospedavam.

Em consequência do sucesso da atividade rural, iniciou-se a ocupação urbana no Morro do Chapéu. Até hoje, a Igreja de

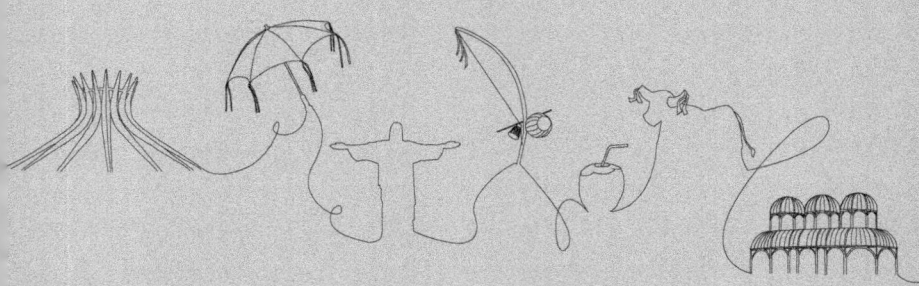

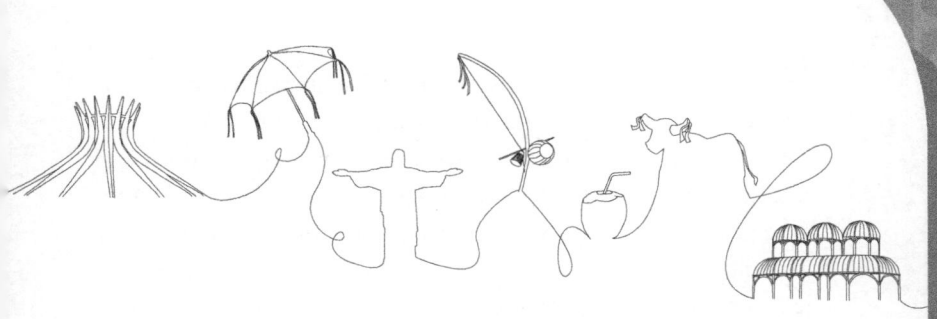

... INTRODUÇÃO ...

Vislumbrar a construção do patrimônio, para a humanidade, corresponde a observar o desejo de perpetuação que distingue os seres humanos de outros seres vivos. Essa diferença pode ser observada nos desenhos de nossos ancestrais nas paredes das cavernas, demonstrando seus modos e costumes de vida, aí incluídos objetos, caça e utensílios.

Podemos dizer então que os primeiros registros sobre o patrimônio feitos pelo homem foram desenhos e inscrições rupestres deixados em locais como cavernas e cânions. Essas manifestações demonstram a necessidade de se "contar a história" que acompanha o desenvolvimento social do homem em seu meio ambiente. Esse conjunto formado pelo homem, seu meio ambiente e seus saberes, fazeres, objetos e utensílios necessariamente tem outro componente inexorável: o tempo.

"E o tempo passa", como diria o locutor de futebol Fiori Gigliotti (1928-2006). Passa e com ele se vão as formas de vida que acompanham a raça humana. Levados pelas mudanças tecnológicas e de costumes, nossos objetos, utensílios, saberes e fazeres vão se transformando ao longo do tempo, esse companheiro inseparável que nunca envelhece. Dessa forma, precisamos guardar nossas lembranças, necessidade que pressupõe então o estudo do patrimônio.

Para tal atividade diversas ferramentas foram criadas. História, antropologia, sociologia, psicologia, administração e economia são alguns dos recursos que podemos citar. Cada uma delas busca o entendimento de como o ser humano habita e sobrevive no planeta. Todas constituem ferramentas-meio para a compreensão das artes, da pintura, da música, das crenças, da engenharia, dos instrumentos, dos utensílios, dos saberes e dos fazeres dos povos que passaram ao longo do tempo pela Terra.

Esse componente racional e organizacional nos acompanha desde as cavernas. Criou-se assim a necessidade de comunicação entre os homens, gerando a mais potente forma de perpetuação da espécie: a linguagem. Esta, juntamente com a pintura e a música, são os primeiros instrumentos que foram tanto um fim em si, com a aptidão para o fazer e o saber (instrumentos, música, pintura), quanto o meio para o entendimento do ser humano, seu ambiente, bem como de seu corpo e sua alma.

Alma que tem um sentido mais amplo que o religioso. Alma que vem da escola aristotélica; ele mesmo, Aristóteles, um estudioso do patrimônio deixado por seus ancestrais gregos. Alma que quer dizer "psique". O homem, para o filósofo grego, ainda é definido como *zôon logikón* (animal racional), distinguindo-se de todos os outros seres da natureza justamente em virtude desse predicado: "animal racional que fala e discorre, enquanto ser dotado de logos, o homem transcende de alguma maneira a natureza e não pode ser considerado simplesmente um ser natural" (Lima Vaz, 2004, p. 37).

A interação entre o homem e a natureza, entendida como algo acima das relações naturais da Terra, passa a constituir o que hoje chamamos de *cultura*. Essa noção de cultura e sua inserção em determinado povo vai desembocar na educação, a qual nada mais é do que uma prática cultural que, depois de amplamente usada, foi bem-sucedida em determinado lugar, em determinado tempo, para determinado povo. Essa educação, transmitida por meio da linguagem, da música, da pintura, enfim, da cultura, é o grande motor do que podemos chamar *preservação patrimonial* de dado povo dentro do planeta.

Portanto, a educação patrimonial deve ser entendida como a forma pela qual preservamos nossas memórias, nossas lembranças, nossas saudades, nossos saberes, nossos fazeres; ou seja, como deve o poeta deixar sua poesia, o músico, sua música, e o pintor, sua pintura, dado um tempo, um idioma, uma linguagem, um material. E, desde o início, o que se tentou fazer foi o inventário dessas diversas formas de expressão.

Sob o ponto de vista prático, o inventário consiste na identificação e no registro, por meio de pesquisa e levantamento das características e particularidades de determinado bem, adotando-se, para sua execução, critérios técnicos objetivos e fundamentados de natureza histórica, artística, arquitetônica, sociológica, paisagística e antropológica, entre outros.

Dentro dessa ótica, torna-se mais fácil apreendermos o significado de turismo e o que ele representa. O homem foi nômade por milhares de anos. Apenas nos últimos 8 mil anos, quando do final do Período Paleolítico e da entrada no Neolítico, o ser humano se viu fixo em um lugar. Grupos seminômades iniciaram uma transição, quando formaram tribos nos períodos sedentários, como no inverno de latitudes mais altas. Essa nova conformação propiciou condições para que o homem desenvolvesse ferramentas e técnicas agrícolas e de caça, fazendo com que a coletividade de ações pudesse ser aproveitada na geração de insumos e produtos necessários para a sobrevivência em um mundo totalmente selvagem. Pense nos perigos que um homem nômade corria – sem a união dos seres humanos, não seria possível sobreviver.

Também foi no período descrito anteriormente que a divisão do trabalho passou a ser vista como um auxílio à construção coletiva. Dessa forma, o homem caçava e a mulher cuidava do local onde os nômades se instalavam. Com o tempo, o seminomadismo se instaurou e o homem começou a se fixar em locais aos quais melhor se adaptava. Nessa época, uma grande revolução se instalou: o domínio do fogo pelo ser humano. Esse fato fez com que ele pudesse manter animais perigosos afastados, proteger-se do frio e, principalmente, cozinhar. Imagine a diferença que o domínio desse elemento trouxe para o dia a dia do *Homo sapiens*.

Com o tempo, o sedentarismo, ou seja, a fixação do homem a uma determinada terra, passou a ser predominante, fenômeno que deu origem ao que entendemos como *civilização*. A maior divisão do trabalho gerou a agricultura, em que as mulheres tiveram papel predominante. Provocou também a divisão social, que contribui para a criação de grupos de caçadores, agricultores, responsáveis pela defesa (exército) e pelas atividades sociais e assim por diante. Com isso, ocorreu uma revolução na cultura, com a criação de casas, vasos, móveis e vários outros objetos e utensílios.

Milhares de anos depois, já sedentário e fixo em uma nação ou pátria, o instinto nômade se instalou no homem, e conhecer outros locais passou a ser uma necessidade. O ser humano desejava viajar para descobrir outras terras, outras culturas e outros modos de vida, onde a convivência com o outro poderia trazer uma série de benefícios. Isso é o que chamamos de **turismo**: o deslocamento de pessoas por algum motivo, por um período determinado.

Nesse contexto, o que propomos neste livro é o estudo do patrimônio e sua relação com o turismo no Brasil sob uma perspectiva interdisciplinar. Discorreremos sobre o turismo, seus avanços e suas mudanças e a forma como o patrimônio contribui para fazer dessa atividade algo mais proveitoso para o homem. Com a ajuda das diversas ferramentas que descrevemos anteriomente, integraremos e analisaremos, a partir do turismo, os diferentes caminhos por onde passa o patrimônio no Brasil.

PATRIMÔNIO E A SUA TIPOLOGIA

CAPÍTULO 1

CONTEÚDOS DO CAPÍTULO

→ Definição de *patrimônio* ontem e hoje.
→ A Organização das Nações Unidas para a Educação, a Ciência e a Cultura (Unesco) e o Patrimônio Mundial (ou da Humanidade).
→ O funcionamento da Lista de Patrimônios da Humanidade.
→ O Instituto do Patrimônio Histórico e Artístico Nacional (Iphan) e a construção do arquivo nacional do patrimônio brasileiro.

APÓS O ESTUDO DESTE CAPÍTULO, VOCÊ SERÁ CAPAZ DE:

1. entender o que é *patrimônio*, seus respectivos tipos e as formas de preservação existentes;
2. compreender como se forma a lista de Patrimônio da Humanidade e que monumentos e obras podem ser tombados;
3. reconhecer a contribuição do Iphan para a construção do arquivo nacional do patrimônio brasileiro;
4. discutir sobre a evolução do tempo livre nas diversas sociedades;
5. entender a origem do lazer como um fenômeno social, com o advento da Revolução Industrial.

1.1 Definição de *patrimônio* ontem e hoje

Quando pensamos em *patrimônio*, logo imaginamos dinheiro, posses, terras, fábricas, ações e heranças. Mas também pensamos naquilo que nossos ancestrais nos deixaram como legado no sentido amplo, ou seja, naquelas coisas, objetos e lugares deixados para as gerações vindouras.

A palavra *patrimônio*, de acordo com o Dicionário Caldas Aulete (2014, grifo do original), tem o seguinte significado:

> patrimônio (pa.tri.mô.ni:o)
> s.m.
> 1. Conjunto dos bens de família, transmitidos por herança.
> 2. Conjunto dos bens de uma pessoa, instituição ou empresa, herdados ou adquiridos.
> 3. Conjunto dos bens materiais e imateriais de uma nação, estado, cidade, que constituem herança coletiva e são transmitidos de geração a geração: *o patrimônio cultural brasileiro*.
> 4. Ant. Rel. Bens destinados para a ordenação e sustentação de um eclesiástico.
>
> [F.: Do lat. *patrimonium*]

De acordo com o Dicionário Houaiss (2009, grifo do original), o termo significa: "1 herança familiar 2 conjunto dos bens familiares 3 *Derivação: sentido figurado*. riqueza, preciosidade *Ex.: p. moral* 4 bem ou conjunto de bens naturais ou culturais de importância reconhecida, que passa(m) por um processo de tombamento para que seja(m) protegido(s) e preservado(s) *Ex.: Ouro Preto foi tombada pelo p. da Unesco* 5 Rubrica: termo *jurídico*. conjunto dos bens, direitos e obrigações economicamente apreciáveis, pertencentes a uma pessoa ou a uma empresa".

Dessas definições, podemos verificar que o patrimônio passa de um conceito individual, de um bem pertencente a um indivíduo que transfere por herança o que lhe pertence a um parente ou ente próximo, para a noção de bem coletivo, o qual é entendido como um legado comum, algo conjunto, que tem importância primordial para a conformação de um povo. Patrimônio, dessa forma, constitui-se em um conjunto de bens, expressões, significados, realidades, paisagens e modos de vida que compõem determinada civilização, nação, tribo ou povo. Está disposto dentro de um tempo, uma época, um período; além disso, sem devida conservação através dos anos, sua existência pode ser comprometida. Portanto, o que chamamos de *preservação do patrimônio* é de importância capital para a civilização humana.

Por outro lado, as leis, as cartas e os tratados que discorrem sobre as tipologias de patrimônio, além das políticas públicas e do funcionamento dos órgãos responsáveis pela preservação de bens históricos, culturais e naturais no Brasil – Instituto do Patrimônio Turístico e Artístico Nacional (Iphan), Conselho de Defesa do Patrimônio Histórico, Arqueológico, Artístico e Turístico (Condephaat's) –, serão abordados e discutidos em capítulo futuro. Neste capítulo, discorreremos sobre as diversas tipologias e definições acerca do tema *patrimônio da humanidade*.

1.2 A Unesco e o patrimônio mundial

Nascida sob os auspícios da Convenção do Patrimônio Mundial de 1972, a Lista do Patrimônio Mundial representa o reconhecimento, perante a Organização das Nações Unidas para a Educação, a Ciência e a Cultura (Unesco), do valor internacional dos bens ali inscritos. Constar nesse rol constitui-se, assim, para os diversos países, em um símbolo de *status* e, portanto, fator de grande atração no turismo internacional.

Crédito: Charles Platiav/Reuters/Latinstock

Figura 1.1 – Sede da Unesco em Paris

O patrimônio mundial divide-se em patrimônio cultural mundial e patrimônio natural mundial. Visando à proteção e à manutenção desses patrimônios, a Unesco trabalha com base na Convenção para a Proteção do Patrimônio Mundial Cultural e Natural (Unesco, 1972).

Hoje, 190 países já ratificaram a *Convenção do Patrimônio Mundial de 1972*, como é popularmente conhecida, e formaram uma comunidade internacional preocupada em identificar e salvaguardar o sítios do patrimônio cultural e natural mais representativos do planeta (Unesco, 2015a).

Desse modo, vamos encontrar quatro tipologias de patrimônios mundiais: **patrimônio cultural**, representado por monumentos, edifícios ou sítios que tenham valor histórico, estético, arqueológico, científico, etnológico ou antropológico; **patrimônio cultural subaquático**, que guarda as mesmas características do primeiro caso, porém referente a sítios localizados abaixo da superfície terrestre, em rios ou mares; **patrimônio natural**, que são formações físicas, biológicas ou geológicas excepcionais, além de locais que são hábitats de espécies animais ou vegetais ameaçados de extinção; e, por fim, **patrimônio imaterial**, que consiste em conhecimentos, técnicas, expressões ou manifestações culturais relevantes para os povos diversos.

De acordo com a Unesco (2015a),

> A ideia de combinar a conservação dos sítios culturais com a dos sítios naturais foi dos Estados Unidos. Uma conferência na Casa Branca, em Washington, pediu em 1965 que se criasse uma "Fundação do Patrimônio Mundial" que estimulasse a cooperação internacional para proteger as "maravilhosas áreas naturais e paisagísticas do mundo e os sítios históricos para o presente e para o futuro de toda a humanidade". Em 1968, a União Internacional para a Conservação da Natureza e seus Recursos (IUCN) elaborou propostas similares para seus membros, as quais

foram apresentadas à Conferência das Nações Unidas sobre o Meio Ambiente Humano organizada pelas Nações Unidas em Estocolmo em 1972.

Por último, todas as partes interessadas se puseram de acordo quanto à adoção de um único texto. Assim, a Conferência Geral da UNESCO aprovou, em 16 de novembro de 1972, a Convenção sobre a Proteção do Patrimônio Mundial Cultural e Natural.

Considerando o patrimônio em seu duplo aspecto cultural e natural, a Convenção nos lembra as formas pelas quais o homem interage com a natureza e, ao mesmo tempo, a necessidade fundamental de preservar o equilíbrio entre ambos.

Conforme podemos ver no texto, apenas na década de 1960 houve a preocupação em se definir, catalogar, organizar e proteger os recursos naturais como patrimônio mundial, igualando assim sítios naturais a sítios arqueológicos. Ou seja, apenas nos últimos 50 anos houve a preocupação por parte da humanidade na preservação da natureza enquanto bem a ser preservado.

1.3 Como funciona a Lista do Patrimônio da Humanidade

Atualmente, a Unesco reconhece 1.007 sítios (779 culturais, 197 naturais e 31 mistos) distribuídos em 160 *Estados-parte* (de um total de 191) – assim denominados os países signatários da convenção até 2014. A grande maioria dos bens, ou seja, 779, corresponde a sítios de valor cultural, 197 constituem sítios de importância natural, o chamado *patrimônio natural*, e 31 são de caráter misto.

A inscrição dos bens na lista é de iniciativa do país onde eles se situam. Cada Estado-parte elabora uma lista de sítios culturais ou naturais que considera de excepcional valor universal, selecionando assim os sítios prioritários a serem conservados. Em seguida, o Estado-parte encaminha a lista com os sítios pretendentes, inscrevendo-os no Centro do Patrimônio Mundial, que é o órgão central onde estão todos os focos da preservação do patrimônio em relação à Unesco. Verificados os documentos, o Comitê Internacional de Monumentos e Sítios (Icomos) ou a União Mundial para a Natureza (IUCN) enviam técnicos para verificar *in loco* as condições de gerenciamento, preservação e proteção do bem em questão. Preparado um relatório, este é encaminhado para o Bureau do Patrimônio Mundial, um pequeno comitê de sete membros que verifica a viabilidade da inclusão do bem na Lista do Patrimônio Mundial. Se é aceita a proposta, ela é encaminhada para aprovação na Convenção Anual do Patrimônio Mundial, cabendo a decisão final ao Comitê do Patrimônio Mundial, órgão composto por 21 representantes de Estados-parte e que têm anualmente um terço de sua composição substituída.

O reconhecimento de um bem e sua consequente inclusão na Lista do Patrimônio Mundial da Humanidade se constituem em um procedimento complexo e rigoroso. Além de comprovar o valor universal e as condições de integridade, o proponente deve apresentar um plano de gestão para a área, e os sítios devem contar, previamente, com uma proteção jurídica adequada no país de origem.

Como exemplo, podemos citar a 34ª Sessão do Comitê do Patrimônio Mundial da Unesco, sediada em 2010, em Brasília, entre 25 de julho e 3 de agosto. O principal resultado da reunião foi a elevação de 21 novos bens culturais, naturais e mistos à condição de patrimônios da humanidade. No total, 41 candidatos concorriam ao título. A reunião de 2013, a 37ª realizada até agora, ocorreu entre 16 e 27 de junho no Camboja, e a de 2014 foi realizada em Doha, no Qatar, entre 15 e 25 de junho (Unesco, 2015a).

O Brasil conta com uma série de sítios tombados, dos quais os dois últimos a receberem o título foram as cidades de São Cristóvão, em Sergipe, na 34ª Sessão de Brasília, e do Rio de Janeiro, a primeira a ter as paisagens tombadas dada a integração entre o urbano e a natureza, entre o mar e as montanhas. O Brasil conta com 19 patrimônios tombados (12 culturais e 7 naturais), entre os quais há centros urbanos, como Ouro Preto e Olinda, ou sítios naturais, como as Cataratas do Iguaçu. Detalharemos em um capítulo específico todos esses bens e faremos uma análise minuciosa deles.

1.4 O Iphan e a construção do arquivo nacional do patrimônio brasileiro

Desde a criação do Iphan, a organização de um arquivo nacional de patrimônio estava prevista, por meio da Lei n. 378, de 13 de janeiro de 1937 (Brasil, 1937). Apenas em 1940, com o empenho do monge beneditino D. Clemente da Silva Nigra, nomeado por Rodrigo Melo Franco como organizador do arquivo do então Serviço do Patrimônio Histórico e Artístico Nacional (SPHAN), isso se concretizou (Iphan, 2014a).

Essa documentação era de acesso restrito aos técnicos, os quais a utilizavam para realizar as primeiras pesquisas sobre o patrimônio nacional brasileiro. Esse arquivo era originalmente organizado e catalogado por D. Clemente, que buscava separar entre documentos textuais e documentos especiais, como fotos, gravuras, matas e plantas. O sistema foi substituído por Carlos Drummond de Andrade, que, além de ser grande poeta da língua brasileira, era arquivista e funcionário público por profissão e responsável pela gestão do arquivo entre 1946 e 1962. Drummond mudou a forma de catalogação, criando dossiês sobre os diversos itens a serem tombados, o que fez com que todos os documentos relevantes para determinado bem a ser tombado integrassem esse dossiê, facilitando a compreensão acerca da importância e das formas de preservação do bem (Iphan, 2014a).

Após a criação dos dossiês, foi feita a indexação geográfica para identificar a localização do bem a ser tombado. Essa metodologia permanece até hoje. A partir da década de 1990, foram implementados escritórios regionais, sub-regionais e técnicos, hoje responsáveis pelo recolhimento dos diversos documentos locais, o que levou à extinção da função de recolhimento dos documentos pelo escritório central.

> **PARA SABER MAIS**
>
> O Iphan, desde sua criação, em 1937, trabalha com um universo diversificado de bens culturais, classificados segundo sua natureza nos quatro livros do Tombo:
> 1. Livro do Tombo Arqueológico, Etnográfico e Paisagístico;
> 2. Livro do Tombo Histórico;
> 3. Livro do Tombo das Belas Artes;
> 4. Livro das Artes Aplicadas.

Suas ações voltadas à identificação, documentação, restauração, conservação, preservação, fiscalização e difusão estão calcadas em legislações específicas sobre cada um dos temas pertinentes ao seu universo de atuação.

Bens imóveis:
- núcleos urbanos;
- sítios arqueológicos e paisagísticos;
- bens individuais.

Bens móveis:
- coleções arqueológicas;
- acervos museológicos;
    - documentais;
    - arquivísticos;
    - bibliográficos;
    - videográficos;
    - fotográficos;
    - cinematográficos.

Fonte: Adaptado de Iphan, 2014a.

Para saber mais sobre o acervo do Iphan, acesse o seguinte endereço eletrônico:

Iphan – Instituto do Patrimônio Histórico e Artístico Nacional. Arquivo Noronha – Santos. Disponível em: <http://www.iphan.gov.br/ans>. Acesso em: 10 ago. 2014.

Síntese

Neste capítulo vimos que a definição de *patrimônio* passa de um bem particular, que é dado por herança a determinado indivíduo, para um conceito de *bem coletivo* que deve ser preservado pelas futuras gerações. Atualmente, temos um órgão mundial para a proteção dos patrimônios culturais da humanidade, chamado *Organização das Nações Unidas para a Educação, a Ciência e a Cultura (Unesco)*, que criou a Lista de Proteção aos Patrimônios da Humanidade. No Brasil, o órgão responsável pela preservação do patrimônio brasileiro é o Instituto do Patrimônio Histórico e Artístico Nacional (Iphan).

Questões para revisão

1. De acordo com as definições estudadas no capítulo, podemos verificar que o patrimônio:
    a. passa de um conceito coletivo, como um legado comum, para um conceito individual, como uma herança de um parente.
    b. sempre foi entendido como um bem comum, como algo coletivo.
    c. passa de um conceito individual, de um bem pertencente a um indivíduo, para a noção de bem coletivo, que tem importância primordial para a conformação de um povo.
    d. Nenhuma das alternativas anteriores está correta.

2. Patrimônio cultural mundial é composto por:
   a. monumentos que são ruínas.
   b. monumentos feitos em homenagem à democracia.
   c. monumentos que são homenagem aos reis de todos os tempos.
   d. monumentos, grupos de edifícios ou sítios que tenham um excepcional e universal valor histórico, estético, arqueológico, científico, etnológico ou antropológico.

3. O Iphan trabalha com um universo diversificado de bens culturais, classificados segundo a natureza em um dos quatro livros do Tombo. Considerando-se, por exemplo, o Abaporu[1], quadro de Tarsila do Amaral, poderíamos classificá-lo, segundo sua natureza, em qual dos livros indicados a seguir?
   a. Livro do Tombo Arqueológico, Etnográfico e Paisagístico.
   b. Livro do Tombo Histórico.
   c. Livro do Tombo das Belas Artes.
   d. Livro das Artes Aplicadas.

4. O que significa *patrimônio cultural brasileiro*?

5. Carlos Drummond de Andrade, além de ser um dos poetas mais representativos da língua brasileira, era arquivista e funcionário público por profissão e responsável pela gestão

---

[1] O Abaporu é um quadro em óleo sobre tela, pintado em 1928 como presente de aniversário ao escritor Oswald de Andrade, marido de Tarsila do Amaral na época. É, hoje, a tela brasileira mais valorizada no mundo, tendo alcançado o valor de US$ 1.500.000,00, pago pelo colecionador argentino Eduardo Costantini, em 1995. Encontra-se exposta no Museu de Arte Latino-Americana de Buenos Aires (Malba).

do arquivo nacional entre os anos de 1946 e 1962. Drummond mudou a forma de catalogação, criando dossiês sobre os diversos itens a serem tombados. Comente esse fato, mostrando a diferença notada entre antes e depois da mudança implementada por Drummond.

Questões para reflexão

1. Fotografe, desenhe ou descreva um bem material na sua cidade que você considera de grande valor histórico e cultural para a população local e que ainda não seja tombado. Após descrever de forma sucinta os motivos pelos quais você julga importante o tombamento desse bem, identifique em quais dos Livros dos Tombos ele estaria inscrito caso fosse tombado pelo Iphan.

2. Localize o patrimônio da humanidade mais próximo de sua cidade no Brasil e verifique em qual tipologia de patrimônio ele se enquadra. Em seguida, descreva a importância desse monumento para sua região.

A RELAÇÃO ENTRE O PATRIMÔNIO E A ATIVIDADE TURÍSTICA NO BRASIL

CAPÍTULO 2

CONTEÚDOS DO CAPÍTULO

- → A atividade turística no mundo e na América do Sul.
- → A demanda da atividade turística no Brasil.
- → A oferta da atividade turística no Brasil.
- → Patrimônio e turismo.
- → O turismo cultural.

APÓS O ESTUDO DESTE CAPÍTULO, VOCÊ SERÁ CAPAZ DE:

1. entender como a atividade turística tem crescido nos últimos anos, com destaque para a América do Sul e o Brasil;
2. avaliar como estão a demanda e a oferta da atividade turística no Brasil, assim como a relação entre patrimônio e turismo;
3. compreender o que significa *turismo cultural* e como ele se organiza;
4. discorrer sobre as convergências e as diferenças dos termos relativos às formas de lazer;
5. entender a importância da brincadeira e do jogo em todas as fases da vida do ser humano.

2.1 A atividade turística no mundo e na América do Sul e a demanda da atividade turística no Brasil

O Brasil é um dos países em que o crescimento da atividade turística tem alcançado bons resultados. Porém, estamos longe de atingir números de outros países que são nossos concorrentes. Na Tabela 2.1, vemos que, no mundo, desde o ano 2000, houve um crescimento de 50,2% no turismo – um aumento de 689,2 milhões para 1,0355 bilhão de desembarques internacionais.

Tabela 2.1 – Turistas internacionais no Brasil

Ano	Turistas internacionais (milhões de chegadas) 2000-2012					
	Mundo		América do Sul		Brasil	
	Total	Variação anual (%)	Total	Variação anual (%)	Total	Variação anual (%)
2000	689.2	–	15.2	–	5.3	–
2001	688.5	(0.10)[1]	14.6	(3.95)	4.8	(10.16)
2002	708.9	2.96	12.7	(13.01)	3.8	(20.70)
2003	696.6	(1.74)	13.7	7.87	4.1	9.19
2004	765.5	9.89	16.2	18.40	4.8	15.99
2005	801.6	4.72	18.3	12.82	5.4	11.76
2006	842.0	5.04	18.8	2.73	5.0	(6.68)
2007	897.8	6.63	21.0	11.70	5.0	–
2008	916.6	2.09	21.8	3.81	5.1	2.00
2009	882.1	(3.76)	21.4	(1.83)	4.8	(5.88)

(continua)

(Tabela 2.1 – conclusão)

Ano	Turistas internacionais (milhões de chegadas) 2000-2012					
	Mundo		América do Sul		Brasil	
	Total	Variação anual (%)	Total	Variação anual (%)	Total	Variação anual (%)
2010	950.1	7.71	23.6	10.28	5.2	8.33
2011	996.0	4.83	26.0	10.17	5.4	3.85
2012	1,035.5	3.97	27.2	4.62	5.7	5.56

Nota: (1) Os dados entre parênteses referem-se a números negativos.
Fonte: Ministério do Turismo, 2014.

O crescimento no número de desembarques internacionais foi constante, com uma leve queda em 2003, provavelmente em função do endurecimento do acesso aos Estados Unidos ocasionado pelo atentado às torres gêmeas em Nova Iorque, e depois em 2009, descréscimo resultante da crise de econômica de 2008.

A tabela também apresenta um aumento contínuo do turismo na América do Sul; a maior queda foi em 2002, reflexo da crise argentina, entre outros fatores. Porém, o crescimento foi bem acima da média mundial, chegando, em 12 anos, a 78,9%, o que representa um salto de 15,2 milhões para 27,2 milhões.

Devemos lembrar que esse crescimento refere-se ao **movimento internacional**, ou seja, àquele em que o turista sai de seu país; não diz respeito ao *turismo interno* ou *doméstico*, como é chamado aquele em que o turista viaja por sua própria nação.

Notamos que o Brasil registrou, entre 2000 e 2012, entradas internacionais entre 5 e 6 milhões de turistas. Em 2000, foram registradas 5,3 milhões de entradas, e em 2012 o número chegou a 5,7 milhões, algo em torno de 7,14% de incremento; essa variação significa que o crescimento brasileiro foi 10 vezes menor que o da América do Sul.

Essa constatação sugere que façamos uma análise sobre os fatores que levaram a esse resultado. Primeiramente, há a questão da valorização da moeda brasileira, o real, em relação ao dólar. Com o real muito valorizado durante quase toda a primeira década do século XXI, o Brasil viu o turismo internacional estacionar e regredir, chegando a 3,8 milhões em 2002. Com grande esforço, houve uma recuperação até 2008, com 5,1 milhões de desembarques. Em 2012, tivemos um total de 9,0185 milhões de desembarques, com a ajuda da Copa das Confederações. A Tabela 2.2 apresenta detalhadamente os números.

Tabela 2.2 – Desembarque de passageiros em voos internacionais: variação mensal 2011/2012 – variação percentual

Mês	2011			2012			Variação % 2011/2012
	Voos regulares	Voos não regulares	Total	Voos regulares	Voos não regulares	Total	
Jan.	818.018	54.696	872.714	918.748	37.246	955.994	9,54
Fev.	643.678	48.856	692.534	770.953	30.761	801.714	15,77
Mar.	707.492	23.721	731.213	732.990	18.593	751.583	2,79
Abr.	689.110	14.281	703.391	686.338	13.212	699.550	–0,55
Maio	698.013	9.109	707.122	703.083	11.926	715.009	1,12
Jun.	633.409	17.586	650.995	724.978	10.144	735.122	12,92
Jul.	829.308	27.535	856.843	810.428	29.235	839.663	–2,01
Ago.	763.502	16.509	780.011	728.418	21.401	749.819	–3,87
Set.	741.714	12.316	754.030	744.432	13.868	758.300	0,57
Out.	786.459	15.273	801.732	793.643	12.480	806.123	0,55
Nov.	717.751	11.554	729.305	675.286	19.461	694.747	–4,74
Dez.	720.699	17.918	738.617	705.821	23.502	729.323	–1,26

Fonte: Brasil, 2015.

O Brasil ainda está longe de ser um dos maiores destinos turísticos mundiais, já que está muito atrás de diversas cidades do mundo. De acordo com a empresa Euromonitor (Euromonitor International, 2014), que faz o *ranking* mundial de turismo, em 2012, o Rio de Janeiro recebeu 1.796.700 turistas estrangeiros, e São Paulo, 1.690.000, ocupando, respectivamente, o 90º e 97º lugares no mundo. Esses números correspondem a crescimentos de 6% e 2,4%, menores do que a média mundial, de 6,6%, para o ano de 2012.

Na comparação com outros destinos da América Latina, Rio de Janeiro e São Paulo ficaram atrás de Lima, no Peru (3.792.500), Buenos Aires, na Argentina (3.166.500), Cidade do México (3.127.300) e Cancún (2.612.500), ambas no México, e Punta Cana (2.398.500), na República Dominicana (Euromonitor International, 2014).

Portanto, diante desses fatos, como podemos afirmar que o turismo no Brasil teve um incremento? Esse fenômeno ocorre em razão da forte expansão do turismo interno. Um número cada vez maior de brasileiros tem viajado nos últimos anos, muito em função do crescimento da indústria aérea e da consequente diminuição dos preços das passagens, além da melhoria das estradas e do transporte terrestre.

De acordo com a Tabela 2.3, houve um crescimento médio de aproximadamente 7,5% do turismo entre 2011 e 2012, explicado pelo fôlego representado pelo turismo interno brasileiro que, de certa forma, compensou o refluxo estrangeiro. Notamos também que o número de estrangeiros que o Brasil recebeu por ano representa o mesmo que o movimento do turismo doméstico em apenas um mês, fator comprobatório de que o turismo interno foi o grande pilar do desenvolvimento da atividade durante a última década.

Tabela 2.3 – Desembarque de passageiros em voos nacionais: variação mensal 2011/2012 – variação percentual

Mês	2011			2012			Variação % 2011/2012
	Voos regulares	Voos não regulares	Total	Voos regulares	Voos não regulares	Total	
Jan.	6.614.810	265.887	6.880.697	7.364.638	224.088	7.588.726	10,29
Fev.	5.463.785	152.538	5.616.323	6.111.656	175.337	6.286.993	11,94
Mar.	6.264.685	167.466	6.432.151	6.544.794	175.766	6.720.560	4,48
Abr.	6.433.187	160.343	6.593.530	6.792.803	190.279	6.983.082	5,91
Maio	6.218.142	160.254	6.378.396	6.660.477	159.814	6.820.291	6,93
Jun.	5.943.440	175.758	6.119.198	6.705.893	188.656	6.894.549	12,67
Jul.	7.239.733	198.830	7.438.563	7.943.476	193.169	8.136.645	9,38
Ago.	6.657.798	161.118	6.818.916	7.120.519	172.757	7.293.276	6,95
Set.	6.516.479	162.829	6.679.308	7.000.645	184.283	7.184.928	7,56
Out.	6.400.474	231.914	6.632.388	7.009.850	187.802	7.197.652	8,52
Nov.	6.422.216	159.350	6.581.566	6.686.570	173.687	6.860.257	4,23
Dez.	6.909.149	164.065	7.073.214	6.690.538	206.196	6.896.734	–2,5

Fonte: Brasil, 2015.

Entre os motivos que contribuíram para essa dinâmica, podemos citar a estabilidade econômica, o incremento no emprego formal, o crescimento da massa salarial e o aumento do nível educacional da população brasileira.

2.2 A oferta da atividade turística no Brasil

Se, por um lado, o Brasil tem se tornado um país mais atraente do ponto de vista turístico, com melhoria sistemática na oferta de hotéis, estradas, agências de locação de veículo – fatores muito importantes para a questão da mobilidade e do conforto do turista e que não existiam no Brasil apenas dez anos atrás –, há ainda um descompasso entre a demanda e a oferta turística, seja nos fatores citados anteriormente, seja no quesito que comentaremos a seguir, isto é, o patrimônio a ser visitado.

Primeiramente, faremos uma abordagem sobre o que são os receptivos turísticos e sua importância para o turismo. Com isso, aprimoraremos a ideia a respeito do que é a oferta turística e de como ela se organiza.

Quando falamos em *receptivo turístico*, incluímos aí toda a gama de serviços de que um turista se utiliza quando está em determinado local. Desde quando tem a ideia de viajar, o turista já tem contato com o receptivo de determinada cidade ou localidade turística. Mesmo procurando um *órgão emissivo*, como se diz de uma agência de turismo no jargão do setor, o indivíduo trava contato direto com o seu destino e dessa forma está analisando o receptivo. Quando vai atrás de uma revista, de uma agência ou, ainda, de um *site* à procura de um destino turístico, já estabelece contato com o receptivo, pois ali sempre há fotos, ilustrações e histórias do local procurado. Quando se encaminha para determinado destino, esse caminho faz parte do receptivo; o local onde o turista desembarca, seja a estação rodoviária, seja um posto de informação turística, seja um restaurante ou bar na praça principal, faz parte do receptivo, assim como toda a infraestrutura hoteleira, alimentícia, de lazer, comercial e de serviços. Além disso, os atrativos naturais e culturais, seu grau de conservação ou degradação, as estruturas governamentais e sociais – sem falar da condição dos moradores do local – fazem parte do receptivo turístico. Podemos dizer então que toda a infraestrutura existente em uma cidade integra sua oferta turística. Um destino pode então estar mais desenvolvido do que outro em diversos quesitos citados. E sabemos que não é fácil melhorar tão rapidamente essa infraestrutura que é composta por todos os atores sociais, tais como Estado, ONGs (organizações não governamentais) e setor privado.

Quando pensamos na questão da hospitalidade e da adequação dos receptivos, deparamo-nos com um ambiente muito instável do ponto de vista do fluxo de receitas, dada a sazonalidade inerente ao setor turístico; por outro lado, do ponto de vista do capital, é necessário grande monta de recursos para o investimento inicial. Ninguém imagina um hotel funcionando da noite para o dia, é necessário pelo menos três anos para que se tenha um projeto hoteleiro implementado. Enquanto isso, como pudemos ver anteriormente, a demanda cresce a taxas anuais cada vez maiores.

Se pensarmos na questão de transportes, a situação é ainda mais complexa. É claro para todos que um aeroporto ou uma rodovia demoram cerca de cinco anos para serem implementados, desde a definição do local a serem construídos até o efetivo uso. No entanto, podemos imaginar o incremento que a inauguração de um aeroporto ou uma nova rodovia traz para determinada região, praticamente do dia para a noite.

Essa realidade deve ser levada em conta quando vemos os gargalos dos quais o país padece, desde portos brasileiros que não são adaptados para a recepção de grandes navios turísticos, passando pela regionalização dos aeroportos e a revitalização das estradas de ferro. Com a inauguração de diversas obras de infraestrutura até 2016, quando ocorrerão as Olimpíadas no Brasil, a oferta de hospedagem e transporte deverá estar equalizada. Por outro lado, o treinamento da mão de obra deve ser o maior entrave, principalmente quanto ao receptivo turístico internacional, dada a grande carência de uma segunda língua para os profissionais que trabalham no setor turístico no Brasil.

Dito isso a respeito da demanda e da oferta turística no Brasil, passaremos a analisar a relação entre o patrimônio brasileiro e a atividade turística, notadamente a questão do receptivo turístico brasileiro.

2.3 Patrimônio e turismo no Brasil

Com o que vimos até agora, conseguimos perceber que há muito a caminhar quanto à dimensão patrimonial no turismo. Faremos agora uma análise da percepção que o turista brasileiro tem a respeito de um destino. Vejamos a Tabela 2.4, que traz os resultados de uma pesquisa feita em 2009 com clientes atuais e potenciais sobre a que o turista brasileiro associa o turismo.

Tabela 2.4 — A que o turista brasileiro associa o turismo do Brasil

Quando você escuta falar sobre turismo no Brasil, qual a primeira associação que você faz e/ou do que você se lembra em primeiro lugar? E em segundo? E em terceiro?

	Cliente atual		Cliente potencial	
	1ª citação	Soma ponderada	1ª citação	Soma ponderada
Descanso/tranquilidade	42,8	30,0	41,3	30,2
Diversão/entretenimento	25,7	24,8	23,6	24,5
Beleza natural/lugares bonitos	8,3	12,5	7,4	11,0
Cultura	8,4	11,3	9,5	10,8
Felicidade	2,4	4,4	2,7	5,0
Aprendizado/conhecimento	3,2	4,8	5,1	6,3
Novas experiências	2,8	4,3	2,7	4,5
Novas amizades	1,8	3,7	1,4	2,7
Associações a lugares	3,5	2,7	3,9	2,7
Outras respostas	1,1	1,6	2,4	2,4

Fonte: Brasil, 2009.

Essas foram as perguntas feitas aos turistas brasileiros atuais e aos turistas potenciais quanto à impressão sobre o turismo no Brasil. O entrevistado é solicitado a citar três coisas que vêm a sua mente quando se fala em turismo no Brasil. Esse número na tabela é ponderado, já computando as médias alcançadas por cada resposta possível. Percebemos que as respostas "Cultura" e "Aprendizado/conhecimento" estão com cerca de 12%, ou seja, 88% dos turistas brasileiros que viajam pelo Brasil não têm a dimensão cultural ou patrimonial como primeiro foco ou primeiro motivo da viagem.

Se, por um lado, isso nos traz um ar de país do turismo de mar, sol e areia, por outro, faz com que pensemos o grande campo no qual o turismo patrimonial pode se embrenhar. Temos ainda de observar que boa parte desses turistas viaja pelo Brasil em períodos de eventos, que, a princípio, são também patrimônios culturais brasileiros – a passagem de ano, o carnaval e as festas regionais, como as de São João, no Nordeste, e a do Boi-Bumbá, na Região Norte, que tem como expoente Parintins –, que atraem evento cultural que movimenta milhares de turistas para o Alto Amazonas.

Se notarmos os turistas internacionais, o fator *lazer* também está por volta de 70% de motivo para a viagem. Esse papel de país tropical sempre foi realçado em todas as peças publicitárias brasileiras, desde o tempo da criação da Embratur (antiga Empresa Brasileira de Turismo, atual Instituto Brasileiro de Turismo), em 18 de novembro de 1966, no governo militar, até os dias de hoje.

2.4 O turismo cultural

O turismo cultural é um dos segmentos que mais tem crescido nas últimas décadas em todo o mundo. A organização dos receptivos, além da melhoria das condições de acesso, com mais meios de transporte, propiciada pela popularização do transporte aéreo, fizeram com que o turismo não fosse apenas visto pelo lado do lazer, como ocorria na época de nossos avós. Durante todo o século XX, a prioridade das viagens familiares sempre foi o lazer, com as idas às praias ou montanhas, com o intuito de passar as merecidas férias de fim de ano. A partir do final do século XX, principalmente na década de 1990, aumentou o turismo dirigido a cidades históricas, como Parati, Ouro Preto e Olinda, localidades difundidas graças à iniciativa de grandes formadores de opinião.

De acordo com o Ministério do Turismo, em seu texto sobre marcos conceituais, temos que:

> Turismo Cultural compreende as atividades turísticas relacionadas à vivência do conjunto de elementos significativos do patrimônio histórico e cultural e dos eventos culturais, valorizando e promovendo os bens materiais e imateriais da cultura.
>
> Consideram-se patrimônio histórico e cultural os bens de natureza material e imaterial que expressam ou revelam a memória e a identidade das populações e comunidades. São bens culturais de valor histórico, artístico, científico, simbólico, passíveis de se tornarem atrações turísticas: arquivos, edificações, conjuntos urbanísticos, sítios arqueológicos, ruínas, museus e outros espaços destinados à apresentação ou contemplação de bens materiais e imateriais, manifestações como música, gastronomia, artes visuais e cênicas, festas e celebrações. Os eventos culturais englobam as manifestações temporárias, enquadradas ou não na definição de patrimônio, incluindo-se nessa categoria os eventos gastronômicos, religiosos, musicais, de dança, de teatro, de cinema, exposições de arte, de artesanato e outros. (Brasil, 2014)

Notamos por essa definição que podemos estabelecer diferenças entre bens materiais, bens imateriais e eventos culturais. No Brasil, apesar do imenso patrimônio material, há um grande caminho ainda para se percorrer em torno da preservação e manutenção da cultura; além disso, os bens imateriais carecem de uma catalogação mais acurada para que aproveitemos mais seu conjunto. Por outro lado, o conjunto de eventos culturais no Brasil, quando se fala em turismo, é imenso. As diversas manifestações culturais que compõem o cotidiano do Brasil acabaram sendo incorporadas ao calendário turístico. Desde janeiro, com as festas de *réveillon*, passando pelo verão e pelo Carnaval em fevereiro ou março, entrando em junho com as festas juninas no Brasil inteiro, e em julho, com as centenas de festivais de inverno realizados nas regiões Sul e Sudeste – todos esses acontecimentos compõem uma vasta gama de eventos ligados ao patrimônio cultural. Trataremos em capítulo específico sobre essa questão, já que as culturas regionais e as populações locais serão tema de nossa análise. Por ora, o mais importante é notar que, apesar de o Brasil ser um país que tem atratividade territorial, também há um componente importantíssimo no que diz respeito à influência do patrimônio nacional e à visita do turista. Seja pela integração com o cotidiano do povo, seja pela atração causada pelo vasto calendário de festas e eventos, o Brasil tem um amplo relacionamento entre turismo e patrimônio. Resta atentarmos ao nosso potencial.

Síntese

Neste capítulo, verificamos o desempenho do turismo mundial, assim como a demanda e a oferta da atividade turística no Brasil. Discutimos a influência do patrimônio brasileiro para o turismo no país e discorremos sobre como ela se insere na economia turística mundial e na economia brasileira. Falamos sobre a importância do patrimônio nacional para o turismo e observamos como eventos relacionados ao patrimônio ajudaram cidades a terem a frequência turística revitalizada.

Questões para revisão

1. Observamos que, desde 2000, houve um crescimento mundial de 50,2% no turismo, que passou de 689,2 milhões para 1,0355 bilhão de desembarques internacionais. O aumento foi constante, com uma leve queda em 2003 e 2009. Isso ocorreu provavelmente:
   a. em função da Guerra do Paraguai em 2002 e da invasão holandesa em 2008.
   b. em função da guerra fria entre Estados Unidos e União Soviética.
   c. em função dos atentados às torres gêmeas em Nova Iorque e do endurecimento do acesso aos Estados Unidos, e depois em 2009, em função da crise de econômica mundial de 2008.
   d. Nenhuma das alternativas anteriores está correta.

2. Observe a tabela a seguir e responda o que se pede:

Motivo da viagem/destinos	2004	2005	2006	2007	2008	2009	2010	2011
Lazer	(%)							
Rio de Janeiro – RJ	33,91	31,53	30,19	30,20	29,09	29,98	27,30	26,70
Foz do Iguaçu – PR	21,74	16,36	17,10	16,14	18,38	21,40	23,40	19,80
Florianópolis – SC	11,91	12,03	15,08	15,32	16,83	16,73	19,30	19,70
São Paulo – SP	13,62	13,65	12,57	13,68	14,32	11,51	9,90	11,00
Salvador – BA	14,15	11,43	11,38	10,22	8,68	7,15	7,40	6,80

(continua)

(conclusão)

Motivo da viagem/ destinos	2004	2005	2006	2007	2008	2009	2010	2011
Negócios, eventos e convenções	(%)							
São Paulo – SP	51,38	49,40	51,33	52,47	53,84	48,83	51,30	51,60
Rio de Janeiro – RJ	24,62	22,33	22,90	24,67	20,39	24,87	23,90	24,40
Curitiba – PR	5,63	5,43	4,77	5,13	4,58	3,70	4,80	4,30
Belo Horizonte – MG	4,51	4,12	4,57	4,15	4,74	3,71	4,50	3,80
Porto Alegre – RS	7,05	8,19	4,68	5,42	4,96	4,95	4,60	3,70
Outros motivos	(%)							
São Paulo – SP	30,98	32,47	26,73	30,19	30,33	27,34	30,20	30,00
Rio de Janeiro – RJ	26,69	25,04	20,48	19,76	19,69	21,58	22,50	22,10
Belo Horizonte – MG	6,50	6,40	6,56	6,68	5,74	6,45	6,30	5,90
Salvador – BA	7,58	6,28	6,39	6,92	6,15	5,80	6,20	5,60
Foz do Iguaçu – PR	6,23	5,09	5,80	7,54	5,54	5,46	4,80	5,60

Fonte: Brasil, 2013, p. 12.

Considerando que o Brasil possui 19 patrimônios mundiais tombados pela Organização das Nações Unidas para a Educação, a Ciência e a Cultura (Unesco) e observando ainda a tabela anterior, que faz a síntese dos locais mais visitados no Brasil por motivos de viagens, qual é a única cidade que detém o centro histórico tombado incluído na restrita lista do referido organismo internacional?

a. Salvador-BA.
b. Belo Horizonte-MG.
c. Porto Alegre-RS.
d. Foz do Iguaçú-PR.

3. Ainda considerando os dados da tabela da questão anterior e os bens patrimoniais do Brasil tombados pela Unesco, podemos concluir que todas as afirmativas contidas nas alternativas a seguir estão corretas, exceto uma. Qual?
   a. Das cinco cidades mais visitadas por estrangeiros por motivo de lazer, três estão no litoral, fato que pode estar diretamente associado à "imagem do país vendida no exterior", como um "país tropical", com belas praias.
   b. Entre as cidades citadas na tabela, o Estado de Minas Gerais não apresenta nenhuma entre as mais visitadas pelos estrangeiros por motivo de lazer, todavia, em seu território podemos encontrar três patrimônios mundiais tombados pela Unesco.
   c. Ao menos três das cidades consideradas como mais visitadas estão na lista dos 18 patrimônios mundiais tombados pela Unesco.
   d. Se analisarmos a tabela, podemos perceber que há grande demanda turística internacional associada aos sítios arqueológicos brasileiros, visto que a maioria das cidades mais visitadas pelos turistas estrangeiros conta com bens arqueológicos tombados pelo Instituto do Patrimônio Histórico e Artístico Nacional (Iphan).

4. Observe a tabela a seguir e responda o que se pede:
   Podemos afirmar, pelos dados da tabela anterior, que três das cinco cidades brasileiras mais visitadas por turistas estrangeiros por motivo de viagem (lazer) no período 2004-2011

estão localizadas no litoral. Responda com suas palavras, baseando-se na imagem associada (e "vendida") do Brasil no exterior, qual é o motivo da procura por essas cidades.

5. Porque o Brasil apresenta taxas de crescimento do turismo acima da média mundial?

Questões para reflexão

1. O Brasil tem diversas festas populares que influenciam diretamente a viagem do turista; pense na força do Carnaval para o turismo do Pernambuco e do Rio de Janeiro, por exemplo. Reflita sobre isso e indique como seria o turismo nessas cidades sem o referido evento.

2. Imagine agora a importância das festas juninas para o turismo em Campina Grande, na Paraíba. Pesquise sobre as festas de São João e sua influência para a imagem dos estados do Nordeste. Faça uma analogia entre as festas juninas do Nordeste e da região em que você mora.

PARA SABER MAIS

O Ministério do Turismo produziu uma série de oito curtas-metragens sobre as principais ações da pasta. A campanha "Turismo em cena" destaca os programas de formação e qualificação profissional, investimentos em cidades históricas e turismo de negócios, além de avanços em competitividade, infraestrutura turística e reforço aos parques nacionais.

Assista aos vídeos indicados a seguir:

Cidades históricas

BRASIL. Ministério do Turismo. Turismo em cena: cidades históricas. Disponível em: <https://www.youtube.com/watch?v=1qrb1_lfrRQ&feature=share&list=PLQ-WFCDLD86gsxUXQpNOHet8xo8c58T5L>. Acesso em: 19 dez. 2014.

Competitividade

BRASIL. Ministério do Turismo. Turismo em cena: competitividade e desenvolvimento do turismo. Disponível em: <https://www.youtube.com/watch?v=6hfamz7SBOg&feature=youtu.be>. Acesso em: 19 dez. 2014.

Infraestrutura

BRASIL. Ministério do Turismo. Turismo em cena: infraestrutura. Disponível em: <https://www.youtube.com/watch?v=gQZJUddEbxQ&feature=youtu.be>. Acesso em: 19 dez. 2014.

Qualificação profissional

BRASIL. Ministério do Turismo. Turismo em cena: qualificação profissional. Disponível em: <https://www.youtube.com/watch?v=RsZjCWVFEHE&feature=youtu.be>. Acesso em: 19 dez. 2014.

Transparência

BRASIL. Ministério do Turismo. Turismo em cena: transparência e regionalização do turismo. Disponível em: <https://www.youtube.com/watch?v=rTg2ECRECtA&feature=youtu.be>. Acesso em: 19 dez. 2014.

Parques nacionais

BRASIL. Ministério do Turismo. Turismo em cena: parques turísticos. Disponível em: <https://www.youtube.com/watch?feature=player_embedded&v=PxjGRVPk-Mw>. Acesso em: 19 dez. 2014.

Turismo de negócios

BRASIL. Ministério do Turismo. Turismo em cena: turismo de negócios. Disponível em: <https://www.youtube.com/watch?v=ptmyCpytIsI&feature=youtu.be>. Acesso em: 19 dez. 2014.

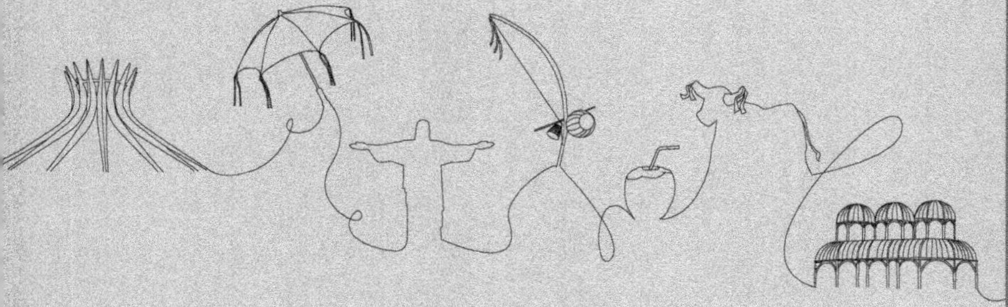

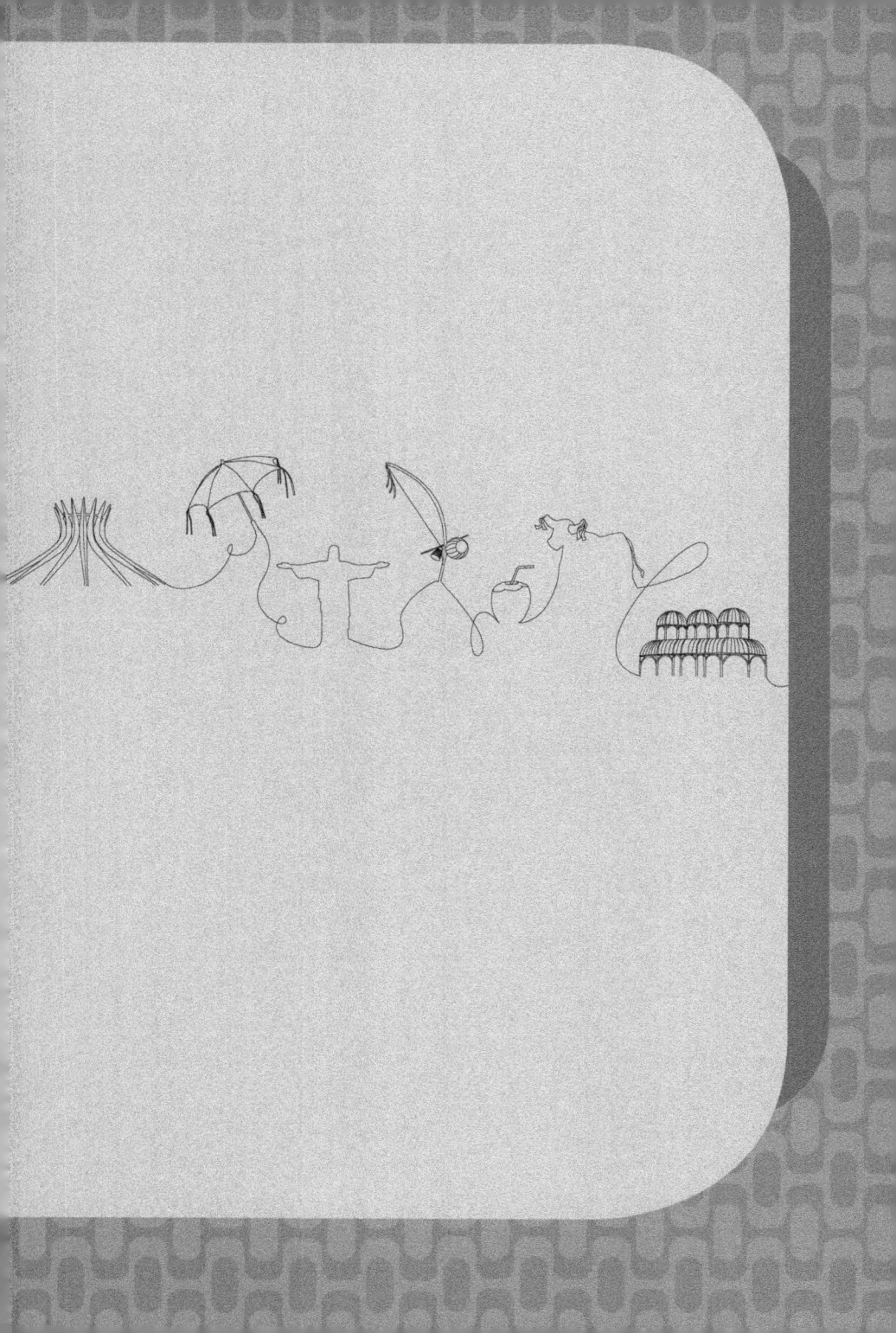

INTERPRETAÇÃO DE PATRIMÔNIO

CAPÍTULO 3

CONTEÚDOS DO CAPÍTULO

- Compreensão e interpretações de patrimônio.
- A interpretação de patrimônio turístico.
- A interpretação de um contexto histórico e a relação com o turismo no Brasil.

APÓS O ESTUDO DESTE CAPÍTULO, VOCÊ SERÁ CAPAZ DE:

1. saber a diferença entre compreender e interpretar um patrimônio, dado que a interpretação exige um trabalho de racionalização.

3.1 A diferença entre compreender e interpretar

Interpretar é dar significado racional, ou seja, dentro de um padrão determinado de razão, a alguma coisa. Podemos falar de interpretação de um texto, de uma pintura, de uma música e também de um lugar, de um contexto, de uma época, de um patrimônio.

A interpretação de algo surge a partir do reconhecimento da realidade a que o ser humano está submetido. Entender a realidade constitui o grande fator diferencial, como já vimos anteriormente, e esse entendimento se dá na prática com uma técnica, única e inata ao homem: a capacidade de, além de compreender, interpretar algo. Existe uma diferença fundamental entre essas duas palavras. Para ilustrarmos essa afirmação, apresentamos no Quadro 3.1 o significado de ambos os termos. Quando compreendemos que existimos, podemos interpretar que essa existência tem um significado, julgar se ela vale a pena, deduzir se continuaremos a existir; ou seja, a compreensão nos remete a uma interpretação, e isso é um dos componentes que fazem do ser humano algo além da natureza.

Quadro 3.1 – Compreender *versus* interpretar

	Significado	Tipos de enunciados
Interpretação	Explicação, comentário, julgamento, conclusão, dedução	Infere-se que...
		Deduz-se que...
		Conclui-se que...

(continua)

(Quadro 3.1 – conclusão)

	Significado	Tipos de enunciados
Compreensão	Intelecção, entendimento, atenção	Diz-se que...
		Sugere-se que...
		Afirma-se que...

Fonte: Tudo Sobre Concursos, 2015.

Agora, imagine-se diante de uma igreja inserida em determinado contexto e lugar. Suponhamos que a construção está localizada no Estado de Minas Gerais, especificamente em uma cidade histórica, na região do Quadrilátero Ferrífero. Diante dessas informações, você compreende que a estrutura situa-se em um local histórico católico, com manifestações arquitetônicas barrocas. Mas pode deduzir que, por ser barroca, deve estar em determinada região, como a de Ouro Preto, Mariana ou ainda Tiradentes. Essa distinção entre compreender que a igreja está inserida em um contexto e inferir que se localiza em uma das três cidades citadas é a diferença entre compreender e interpretar.

3.2 A interpretação de patrimônio turístico

A interpretação está ligada a encontrar o que é o principal, o que é único em dado contexto. A definição da palavra *contexto* vem de *tecido*, ou seja, o "tecido do qual se faz um todo". Quando interpretamos determinada coisa, texto, lugar, patrimônio cultural ou natural, o que buscamos é criativamente pensar na ideia principal, no fato mais importante e decisivo para o local. Essa constatação norteará toda a análise do contexto. Portanto, para o uso adequado de um patrimônio – seja do ponto de vista turístico, seja urbanístico, seja econômico –, a sua respectiva interpretação deve ser feita com uma metodologia específica, uma técnica que consiga sintetizar de forma consistente sua importância central. Esse procedimento gerará valor e agregará ao patrimônio diversas qualidades e significados que anteriormente não estavam explicitados.

Agora, faremos um exercício de interpretação. Continuando a interpretação que propusemos anteriormente, estamos diante de uma igreja barroca, em uma cidade do Estado de Minas Gerais. Vamos a um quadro (Figura 3.1) de Johann Moritz Rugendas, pintor alemão que esteve no Brasil no século XIX, entre 1824 e 1845, com a expedição do barão russo Georg Heinrich von Langsdorff. Em Ouro Preto, Rugendas abandonou o grupo e continuou pelos arredores das cidades mineiras, retratando o cotidiano da região em diversas gravuras.

Figura 3.1 – Festa de Nossa Senhora do Rosário, Padroeira dos Negros

Fonte: Rugendas, 1821-1825.

Essa litogravura é conhecida como *Festa de Nossa Senhora do Rosário, Padroeira dos Negros*, e é datada de 1835. Vemos que se trata de uma comemoração de uma festa de congado, com a presença de diversos negros, que representavam 90% da população local entre o século XVIII e XIX em certas vilas de Minas Gerais. Sendo uma vila considerada das mais ricas na época – a Vila Rica, mais tarde chamada de Ouro Preto –, podemos inferir que essa gravura retrata a cidade que foi tombada patrimônio mundial da humanidade em 1982. Nessa época, as cidades mineiras comemoravam as datas festivas dos santos negros com uma festa ritual, onde havia a mistura das tradições católicas e africanas, como estandartes católicos em meio a batucadas do Congo – por isso mesmo o nome *congado*. Essas festas eram realizadas principalmente para Nossa Senhora do Rosário, mas também para São Benedito, Santo Elesbão e Santa Ifigênia. Esses são considerados protossantos[1], já que sua santidade data do século X. Ficaram esquecidos durante a Idade Média e também quando da formação dos reinos de origem latina ou saxã. Se analisarmos a pintura e a compararmos com uma foto tirada nos dias de hoje (Figura 3.2), perceberemos que há uma grande semelhança entre o local da pintura e a foto atual da Igreja de Santa Ifigênia, em Ouro Preto. Vemos também, na gravura, um homem em um cavalo, este sendo o próprio Rugendas, que sempre buscava criar um enredo para suas pinturas e retratar a si mesmo. Também vemos a figura de um mineiro, separado do congado, como que voltando de seu trabalho nas minas. De acordo com estudos, esse mineiro é a retratação de Chico Rei,

[1] Santos da Idade Média.

que foi um dos grandes patrocinadores da construção da Igreja de Santa Ifigênia no alto do Bairro de Padre Farias (Diener, 1996).

Crédito: Aluísio Finazzi Porto

Figura 3.2 – Igreja de Santa Ifigênia

Com essa comparação, vemos que, na verdade, quando da edição da gravura, em 1835, Santa Ifigênia não era conhecida na Europa, sendo adorada apenas no Brasil. Por outro lado, na língua francesa – considerando que as gravuras foram editadas a partir do original, em litogravura –, Nossa Senhora do Rosário chama-se Saint Rosalie, sendo sua grafia e pronúncia muito próximas de Saint Efigenie. Dessa forma, se interpretarmos o quadro e a imagem atual da cidade de Ouro Preto, veremos que Rugendas retratou em seu quadro a Festa de Santa Ifigênia, e não de Nossa Senhora do Rosário, como comumente se considera.

Essa interpretação faz com que tenhamos uma ideia mais bem elaborada das diferenças temporais e erros de interpretação que envolvem as mais variadas formas de patrimônio. Da pintura ao texto, da fotografia à música, a interpretação correta atualiza o pensamento a respeito de um local. Devemos entender que interpretar é ver com o olhar daquele que realizou a obra ou contexto. Ver a natureza com os olhos da preservação e a história com o olhar daqueles que a fizeram é a forma correta de interpretar um patrimônio.

Síntese

Neste capítulo, vimos que a interpretação do patrimônio requer um olhar diferente diante da realidade. Devemos questionar, dar noção a algo, verificar os fatos de acordo com determinado contexto. Dessa forma, entender é diferente de interpretar, pois a interpretação aprofunda o conhecimento e infere algo a mais do que a simples compreensão.

Questões para revisão

1. Existe uma diferença fundamental entre compreender e interpretar. Compreender é um passo para interpretar. De acordo com essa afirmação, indique a alternativa correta:
   a. Quando compreendemos que existimos, podemos interpretar que essa existência tem um significado, julgar se essa existência vale a pena e deduzir se continuaremos a existir.

b. A compreensão nos remete a uma interpretação, sendo isso um dos componentes que fazem do homem algo além da natureza.
c. Quando interpretamos algo, estamos usando nossa capacidade de dedução.
d. Todas as respostas anteriores são corretas.

2. A interpretação está ligada a encontrar o que é o principal, o que é único em determinado contexto. De acordo com o texto estudado, assinale V para as questões verdadeiras e F para as questões falsas:

( ) A definição da palavra contexto vem de tecido, ou seja, o tecido do qual se faz um todo.
( ) Quando se interpreta determinada coisa, texto, lugar, patrimônio cultural ou natural, o que se busca é pensar criativamente a ideia principal, o fato mais importante e decisivo para o local.
( ) Quando interpretamos um patrimônio, é como se estivéssemos cantando uma música antiga.
( ) Quando interpretamos um patrimônio, devemos criar novas formas de enxergar a vida.

3. De acordo com a interpretação que fizemos do quadro de Rugendas (1821-1825), notamos que:

a. O autor reproduziu uma igreja diferente da que realmente faz parte do evento retratado. Trata-se da igreja de Santa Ifigênia, e não de Nossa Senhora do Rosário.
b. Rugendas viveu na mesma época de Chico Rei.
c. Chegamos à conclusão de que a litogravura de Rugendas retrata a Festa de Santa Ifigênia em vez de a de Nossa

Senhora do Rosário porque os nomes das santas em francês são muito parecidos.
d. As respostas "a" e "c" estão corretas.

4. Um imóvel tombado pode mudar de uso?

5. Quem é o responsável pela conservação e restauração do móvel ou imóvel tombado?

Questões para reflexão

1. Entreviste uma pessoa idosa do seu município, pedindo a ela que se apresente (nome, profissão e há quanto tempo mora na cidade). Em seguida, indague se há algum bem patrimonial cultural (imóvel, festa, comida típica etc.) que há muitos anos pertence à história da cidade e que nos últimos tempos vem sendo esquecido, negligenciado e desvalorizado pela população local. Pergunte à pessoa entrevistada se ela poderia descrever a importância desse bem (o que funcionou no imóvel, ou como se dava a festa cultural, ou como era feita a receita da comida típica, em que época do ano era mais consumida etc.).

2. Após o depoimento da pessoa entrevistada, faça um breve comentário, interpretando o bem cultural, qualificando-o como um bem potencial que merece ser valorizado pela população local e pelos visitantes, contextualizando o bem ao longo do tempo, dando-lhe vida e enumerando suas características singulares.

PARA SABER MAIS

Para entender melhor as diferenças entre compreender e interpretar, leia o texto indicado a seguir.

TUDO SOBRE CONCURSOS. Como interpretar textos. Disponível em: <http://www.tudosobreconcursos.com/materiais/portugues/como-interpretar-textos>. Acesso em: 27 abr. 2015.

A IMPORTÂNCIA DA PROTEÇÃO DO PATRIMÔNIO

CAPÍTULO 4

CONTEÚDOS DO CAPÍTULO

→ A importância da proteção do patrimônio.
→ Ganhos de qualidade, por meio da proteção do patrimônio, para o bem protegido, seu entorno e sua população.

APÓS O ESTUDO DESTE CAPÍTULO, VOCÊ SERÁ CAPAZ DE:

1. compreender o que é um patrimônio e a forma como ele pode ser reconhecido;
2. identificar a influência do patrimônio para o reconhecimento mundial de um local.

4.1 O reconhecimento de um patrimônio

Para realmente ser preservado, um patrimônio tem um grande caminho a percorrer desde o início de sua existência: o processo de pertencimento adquirido pela população em seu entorno, o reconhecimento como bem historicamente importante para dado povo ou nação e finalmente a etapa legal de preservação, mediante um dos instrumentos que veremos a seguir. Ao término dessa trajetória, ocorre um processo de preservação física, quando se tratar de um bem móvel ou imóvel, ou então da preservação da memória, pelo registro e preservação dos costumes, quando se tratar de um bem imaterial.

De acordo com a Organização das Nações Unidas para a Educação, a Ciência e a Cultura (Unesco), todo o processo de preservação ocorre com o objetivo de viabilizar projetos que ajudem a manter vivo o patrimônio cultural. Essa iniciativa se dá por meio de parcerias com instituições públicas e privadas que irão colaborar com pesquisas e projetos que deem suporte para a continuidade desse processo. Dessa forma, tomando o patrimônio imaterial Ofício das Paneleiras de Goiabeiras como exemplo, estudos em universidades poderão ajudar a desenvolver alguma espécie de barro para substituir a argila utilizada na fabricação das panelas, por se tratar de um recurso natural finito. O fato mais importante corresponde ao registro da memória das paneleiras, que faz com que sua profissão não se perca no tempo.

4.2 Impactos da preservação do patrimônio

O resultado do tombamento de um bem patrimonial se diferencia muito, dado o nível de organização do país, da região ou mesmo da condição econômica do local onde ele está inserido. A conservação do patrimônio mundial é um processo contínuo. Incluir um sítio na lista de pouco serve se ele posteriormente se degradar ou se algum projeto de desenvolvimento destruir as qualidades que inicialmente tornaram o potencial patrimônio apto a ser incluído na relação dos bens. Um exemplo que temos no Brasil é o Centro Histórico de São Luís, no Maranhão, onde dezenas de casas tombadas estão abandonadas. Outras tantas se tornaram comércio, com grandes placas descaracterizando o patrimônio, e há ainda as que foram pintadas ou reformadas ao gosto do proprietário, sem uma ação mais enérgica dos órgãos de preservação. Também podemos citar desastres naturais, como o que se abateu sobre a cidade de Goiás Velho, no Estado de Goiás, tombada pela Unesco. Com as chuvas que ocorreram em 2011, há grande controvérsia sobre o que poderia ter sido feito. Estudos comprovam que houve um abandono da situação do Rio Vermelho, que se achava assoreado. Com isso, a cheia sobre o centro histórico foi um desastre natural que poderia ter sido ao menos minimizado.

Na prática, os países tomam essa responsabilidade muito seriamente. Pessoas, organizações não governamentais e outros grupos comunicam ao Comitê do Patrimônio Mundial possíveis perigos para os sítios. Se o alerta se justificar e o problema for suficientemente grave, eles são incluídos na Lista do Patrimônio

Mundial em Perigo, o que incorre de uma série de possibilidades de sanção ao governo local, como corte em apoios financeiros.

Por outro lado, a Unesco conta com um fundo de apoio ao patrimônio. O Fundo do Patrimônio Mundial, criado em 1972, recebe recursos essencialmente das contribuições compulsórias dos Estados-membros (1% de seus aportes à Unesco) e outras voluntárias. Outras fontes de ingressos são os fundos fiduciários doados por países com fins específicos e os que derivam das vendas das publicações do patrimônio mundial. O fundo presta assistência na identificação e na preservação dos sítios. O trabalho de preparação, conservação e preservação é custoso e nem todas as solicitações de assistência internacional podem ser atendidas com esses recursos. Por isso, o Comitê do Patrimônio Mundial aplica condições muito estritas e exige que as solicitações se enquadrem em categorias claramente definidas: assistência preparatória, cooperação técnica, assistência emergencial e formação/treinamento (Unesco, 2015a).

4.3 Como a preservação influencia a opinião pública

Em 2001, estátuas de Buda foram destruídas pelo Talibã, grupo que governava o Afeganistão, país situado no Oriente Médio, sem saída para o mar e que tem como vizinhos Paquistão, Irã, Turcomenistão, Uzbequistão e Tajquistão. As obras eram consideradas as maiores do Buda em pé e faziam parte de um conjunto de estátuas de tradição budista[1].

Apesar dos apelos internacionais, a destruição ocorreu, gerando uma fortíssima reação internacional. De certa forma, essa intolerância de culto ganhou uma repercussão contra aquele governo como jamais se viu.

Crédito: Stringer/Afghanistan/Reuters/Latinstock

Figura 4.1 – Estátua de Buda no Afeganistão

---

[1] Para maiores informações as destruição dos Budas de Bamiyan, acesse: <http://lounge.obviousmag.org/arquitetura_do_sagrado/2013/07/a-triste-historia-dos-budas-de-bamiyan.html>.

Esse fato, ocorrido no começo do século XXI, pode nos dar uma dimensão de um fator tanto negativo quanto positivo sobre a conservação de um patrimônio. Imagine o reflexo causado pela destruição do Buda: a comoção no mundo foi maior do que a verificada em relação aos diversos crimes de guerra cometidos pelo Talibã. Esse foi um dos maiores motivos, ao lado das atrocidades cometidas contra mulheres e tribos isoladas de minorias xiitas por parte do movimento, para a invasão do Afeganistão pelos americanos.

Vemos também que a conservação do patrimônio, implementada e encampada pela Unesco, foi fundamental para tornar público e conhecido o atentado ocorrido contra as antigas estátuas. Esse organismo internacional conta com Lista de Patrimônios da Humanidade em Perigo, fazendo parte dela os sítios culturais ou naturais em situação de risco, seja por motivos internos, seja por motivos externos, como guerras, falta de manutenção ou desastres naturais. Essa divulgação criou um mal-estar em diversos governos, que até então faziam "vista grossa" para as atrocidades do regime.

Outros reflexos negativos podem ser verificados no que diz respeito à manutenção do patrimônio. Um deles é a superlotação causada pela exposição e glamourização do local, que ganha *status* de patrimônio. Um exemplo claro são as cidades Ouro Preto e Olinda. Dada a condição de cidades preservadas, que apresentam por si só um charme barroco, muitos eventos são realizados sem a devida prevenção e o resguardo do patrimônio. Foi o que ocorreu durante a gravação do primeiro DVD da banda Skank, realizada na Praça Tiradentes do centro de Ouro Preto. Mais de 30 mil pessoas compareceram ao evento, em um local que comporta menos da metade desse público. Já Olinda, durante o período de Carnaval, fica sob ameaça constante, já que a quantidade de turistas no centro histórico fica muito acima da capacidade do local. A falta de banheiros públicos, aliada à falta de educação de muitos transeuntes, faz com que banheiros a céu aberto sejam considerados algo normal nesse período. Essa falta de cuidado também se evidencia em cidades como Salvador, onde o Pelourinho, em certas épocas, fica intransitável, ou ainda em locais como Fernando de Noronha, onde hoje, quando escrevemos este livro, há manifestações de moradores contra a falta de água, já que a única nascente da ilha secou em virtude da alta carga turística e da falta de chuvas.

Sem um projeto muito bem organizado de manejo, mesmo sem grande impacto no patrimônio natural, há prejuízos à população local, que fica à mercê de dificuldades e preços exorbitantes. Por serem locais especiais, também existe uma divulgação mais agressiva, mais abrangente e de longo alcance, que tem um potencial de atração muito maior do ponto de vista turístico.

Síntese

Neste capítulo, vimos como um patrimônio pode determinar o reconhecimento de um local como bem cultural de um povo, sociedade ou região. Os bens culturais exercem forte influência sobre as regiões onde estão localizados. Dessa forma, para que o turismo seja feito de forma consciente, é necessário haver um bom projeto de manejo em que a população local seja levada em conta.

Questões para revisão

1. Para realmente ser preservado, um patrimônio tem um grande caminho a percorrer. Primeiramente, existe a própria história, o caminho real percorrido desde sua fundação, o início de sua existência, passando pelo processo de pertencimento por parte da população em seu entorno. De acordo com essa afirmação, podemos dizer que:
   a. um patrimônio deve ter todas as documentações regularizadas.
   b. um patrimônio deve ter reconhecimento de sua população.
   c. um patrimônio preservado significa que o bem está reformado, em ótimas condições.
   d. Nenhuma das alternativas anteriores está correta.

2. A conservação do patrimônio mundial é um processo contínuo. Incluir um sítio na lista de pouco serve se posteriormente ele for degradado ou se algum projeto de desenvolvimento destruir as qualidades que inicialmente o tornaram apto a ser incluído na relação dos bens. Podemos dizer então que:
   a. basta fazer o tombamento de um bem para que ele esteja protegido contra qualquer situação de degradação.
   b. não basta fazer o tombamento de um bem para que ele esteja protegido. Qualquer alteração em suas características iniciais pode ser motivo para sua exclusão da Lista de Patrimônios Mundiais.
   c. As alternativas "a" e "b" estão corretas.
   d. As alternativas "a" e "b" estão incorretas.

3. O Talibã destruiu estátuas de Buda no Afeganistão, ato que gerou:
   a. um grande protesto internacional contra o grupo e provocou inclusive a invasão do Afeganistão por tropas americanas.
   b. um grande alívio, pois os afegãos não gostam de Buda.
   c. uma grande revolta no mundo todo, pois o radicalismo religioso estava destruindo um patrimônio da humanidade.
   d. As alternativas "a" e "c" estão corretas.

4. Há vários fatores que podem concorrer para a deterioração de um patrimônio. Um deles é a superlotação causada pela exposição e glamourização do local que ganha *status* de patrimônio. Comente sobre algum local em que esse fenômeno ocorre no Brasil.

5. Vemos que a conservação do patrimônio, implementada e encampada pela Unesco, foi fundamental para tornar públicas e conhecidas as estátuas de Buda do Afeganistão. Qual fato desencadeou essa ação da Unesco e quais foram as consequências?

Questões para reflexão

1. Observe o texto e a imagem a seguir e responda o que se pede:

A demolição do prédio onde funcionava o Museu do Índio (Rio de Janeiro), edificado em 1862 e doado em 1910 ao Serviço de Proteção aos Índios e que também já foi residência de uma filha de D. Pedro II e do Marechal Rondon (Teixeira, 2013), foi alvo de protestos. A decisão veio por meio de um decreto e teve como objetivo construir um estacionamento ao redor do Maracanã para atender às exigências da Fifa na realização da Copa do Mundo no Brasil[2].

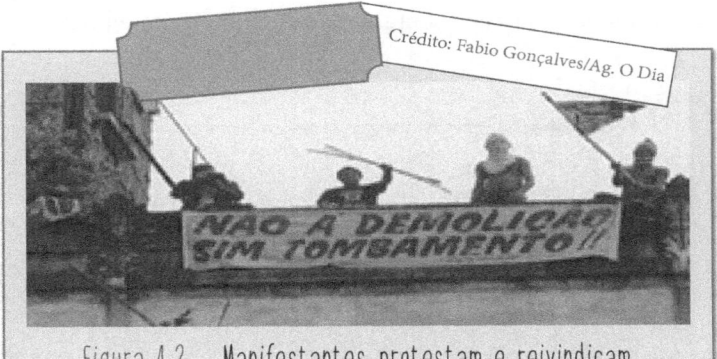

Crédito: Fabio Gonçalves/Ag. O Dia

Figura 4.2 – Manifestantes protestam e reivindicam a não demolição do antigo prédio do Museu do Índio em janeiro de 2013

Explique com suas palavras e com base na legislação por que a estratégia dos manifestantes em pedir o tombamento do imóvel poderia impedir que ele fosse demolido, destacando a relevância do recurso do tombamento como fator importante na preservação de um bem material.

[2] Para maiores informações, acesse: <http://noticias.terra.com.br/brasil/cidades/rj-defensoria-da-uniao-quer-impedir-derrubada-do-museu-do-indio,5623af97a555b310vgnCLD20000bbceb0aRCRD.html>.

2. Várias manifestações culturais também são patrimônio da humanidade. Você sabia que o samba é um bem tombado, assim como o frevo? Essas manifestações culturais são chamadas *bens culturais imateriais*. Verifique se em sua região há algum bem cultural imaterial a ser tombado e reflita se realmente há justificativa para que esse tombamento aconteça, questionando a representatividade histórica desse bem.

> **PARA SABER MAIS**
>
> Para que você entenda melhor como ocorreram os fatos sobre os Budas de Bamiyan, assista ao *trailer* do filme iraniano *O Buda que caiu de vergonha*.
>
> BUDDHA Collapsed Out of Shame Trailer. Disponível em: <https://www.youtube.com/watch?v=M3Ix_Tkyk3A>. Acesso em: 19 dez. 2014.

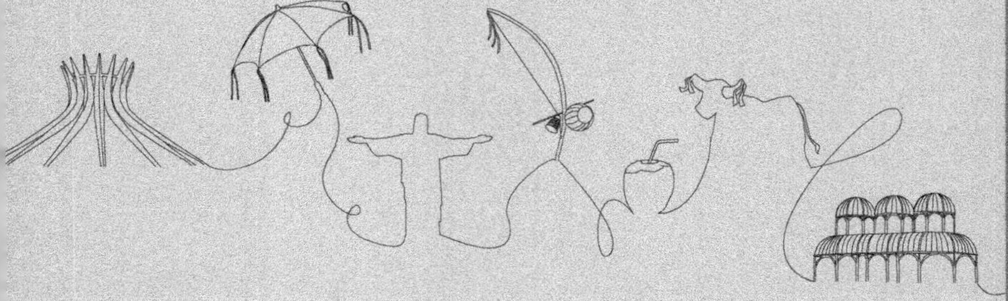

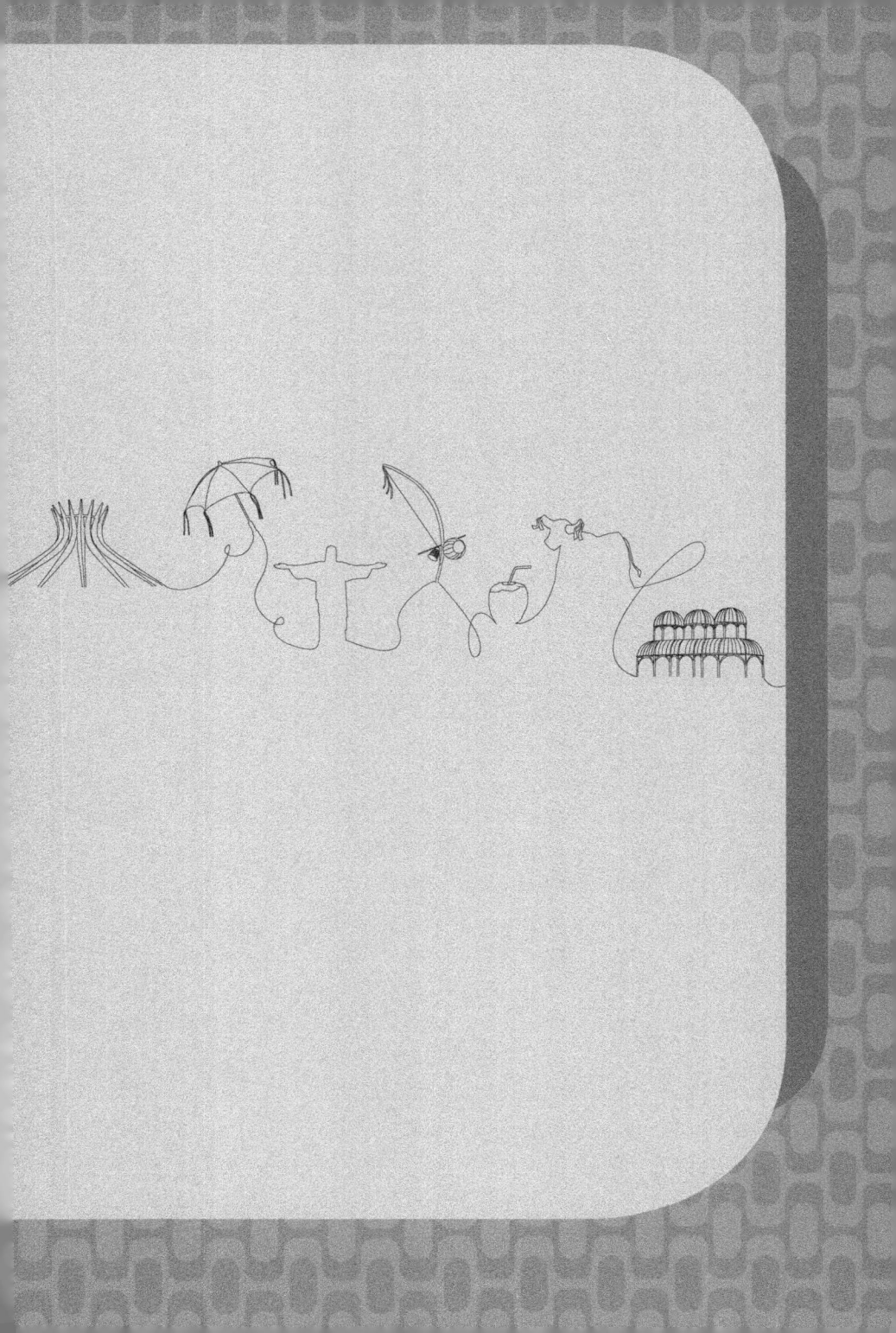

A LEGISLAÇÃO, AS POLÍTICAS PÚBLICAS E OS ÓRGÃOS RESPONSÁVEIS PELA PRESERVAÇÃO DE BENS HISTÓRICOS, CULTURAIS E NATURAIS NO BRASIL

CAPÍTULO 5

CONTEÚDOS DO CAPÍTULO

- Leis que fundamentaram a conservação do patrimônio no Brasil.
- Políticas públicas adotadas pelos governos brasileiros.
- Criação do Instituto do Patrimônio Histórico e Artístico Nacional (Iphan), do Conselho de Defesa do Patrimônio Histórico, Arqueológico, Artístico e Turístico (Condephaat) e dos órgãos responsáveis pela preservação de bens históricos, culturais e naturais do Brasil.
- Análise crítica sobre a atuação dos órgãos de preservação.

APÓS O ESTUDO DESTE CAPÍTULO, VOCÊ SERÁ CAPAZ DE:

1. Reconhecer e compreender os instrumentos legais para a preservação e a salvaguarda de bens culturais e naturais no Brasil.

5.1 Breve histórico da preservação do patrimônio no Brasil

Veremos agora um breve histórico da preservação do Brasil, desde os tempos do império até os dias atuais, observando os agentes envolvidos. Vamos demonstrar que há uma preocupação com a preservação desde os tempos do Brasil-Colônia. Dessa forma, poderemos entender o papel do Estado, dos governos e da comunidade em um processo que se fez continuamente.

5.1.1 O período da colônia e do império

A história da preservação do patrimônio brasileiro remonta ao século XVIII, quando da intenção do governador de Pernambuco, D. Luis Pereira Leite de Andrade, de preservar os edifícios holandeses, como as pontes do Centro Velho e as igrejas de Olinda, em detrimento do desejo de destruí-los imposto pela vitória brasileira contra a invasão batava (Chuva, [S.d.]).

A preservação de igrejas e pontes de Recife, além do casario e das igrejas barrocas de Olinda, fez com que hoje esse grande sítio cultural seja a história viva do primeiro ciclo do barroco brasileiro. Na verdade, ocorre uma grande mistura na cidade de Recife: o cais do porto, onde atualmente funciona o Projeto Porto Digital, uma das maiores incubadoras de empresas digitais do mundo, e outras construções da época da invasão holandesa se mesclam aos prédios de origem portuguesa. Nasce dessa época o encontro de culturas europeias com o que seria o nascimento da pátria brasileira. Nesse período, o país contava com cerca de três milhões de habitantes, conforme estimativa de compilação feita pelo IBGE (2014a), reproduzida na Tabela 5.1.

Esses dados nos revelam um grande equilíbrio entre a presença populacional de brancos, índios e negros. Desde o início dos levantamentos, há cerca de um terço de cada uma dessas etnias na formação do povo brasileiro. Nesse processo, podemos dizer que índios e negros eram mão de obra escrava que provinha recursos destinados aos portugueses. Grande parte da concentração dessa população se encontrava na região de Olinda, dada a necessidade de povoamento contra as invasões holandesa e francesa no norte do continente sul-americano. Essa dinâmica fez com que se criassem as condições para a construção do que hoje chamamos de *primeiro ciclo do barroco brasileiro*. Olinda, em virtude do crescimento contínuo da Grande Recife, ficou preservada e foi tombada como patrimônio nacional e, posteriormente, patrimônio mundial da humanidade.

Tabela 5.1 – Dados históricos dos censos: estimativas da população – 1550-1870

Ano	Fontes[1]	Estimativa da população
1550	A	15.000
1576	A	17.100
1583	B	57.000[2]
1600	A	100.000[3]
1660	A	184.000[4]
1690	A	242.000
1700	C	300.000
1766	A	1.500.000

(continua)

(Tabela 5.1 – conclusão)

Ano	Fontes[1]	Estimativa da população
1770	F	2.502.000
1823	G, H	3.960.866
1825	E, H	5.000.000
1860	F	8.448.000
1865	F	9.114.000
1867	E, H	11.780.000
1867	F	9.396.000
1868	E, H	11.030.000
1868	F	9.539.000
1869	E, H	10.415.000
1869	F	9.686.000
1870	F	9.834.000

Notas: (1) *Vide* discriminação das fontes a seguir.
(2) Compreende 25.000 brancos, 18.000 índios e 14.000 escravos negros.
(3) Compreende 30.000 brancos e 70.000 mestiços, negros e índios.
(4) Compreende 74.000 brancos e índios livres e 110.000 escravos.

Fontes: A: SIMONSEN, R. C. **História econômica do Brasil** (1500/1820) – (1978). Apresenta as estimativas atribuídas a Contreiras Rodrigues, Thomas Ewbank e Adriano Balbi, p. 271;
B: CALÓGERAS, P. **Formação histórica do Brasil**. (1935), p. 33. Também citado por Simonsen (fonte a, p. 88) e Marcílio (fonte i, p. 119);
C: FURTADO, C. **Formação econômica do Brasil** (1959), p. 93;
D: ALDEN, D. **The Population of Brazil in Late Eighteen Century** – A Preliminary Study (1963). Tabela II e p. 194-195;
E: SOUZA E SILVA, J. N. Investigações sobre o recenseamento da população geral do Império e de cada província de per si, tentados desde os tempos coloniais até hoje (1870);
F: MORTARA, G. **Sobre a utilização do Censo Demográfico para a reconstrução das estatísticas do movimento da população do Brasil**. (1941), p. 43;
G: **Memória estatística do Império do Brasil** (1829). Obra oferecida ao Marquês de Caravelas, Revista Trimensal do Instituto Histórico e Geográfico do Brasil. Tomo LVIII, Parte 1, 1985;
H: OLIVEIRA VIANA, Francisco José. **Resumo histórico dos inquéritos censitários realizados no Brasil**. (1920);
I: VELLOSO DE OLIVEIRA, Conselheiro Antonio Rodrigues. **A Igreja do Brasil** (1819, citado por Joaquim Norberto de Souza e Silva (fonte e, p. 162-163) que, com base nos mapas apresentados pelo Conselheiro Velloso, em anexo, distribuiu a população dos sete bispados, segundo as 20 Províncias do Império).

Fonte: IBGE, 2014a.

Ouro Preto, durante o século XIX, também preservou, de certa forma, intactos os edifícios religiosos e oficiais, como igrejas, passos e monumentos (fontes e estátuas). Durante o século XVIII, foram inúmeros os documentos acumulados nas diversas irmandades que se faziam presentes na Vila Rica de Ouro Preto. Fazem parte do acervo documental que hoje está sendo recuperado desde a filiação de pessoas que nasceram e foram batizadas nessas irmandades até documentos contábeis que davam conta dos gastos empreendidos na construção das obras, principalmente as sacras (Iphan, 2014d).

Com a transferência da capital do Estado de Minas Gerais para Belo Horizonte no final do século XIX, Ouro Preto viu seu centro ser abandonado, com as famílias de políticos e empreendedores se mudando para aquela cidade. Esse esvaziamento quase fez com que as casas abandonadas virassem ruínas, o que só não aconteceu em razão da ocupação dessas mesmas casas por estudantes da universidade federal que se instalava no município e da campanha empreendida pelos modernistas Mário de Andrade e Oswald de Andrade, entre outros, pela preservação do patrimônio colonial representado pelo segundo ciclo do barroco brasileiro (Iphan, 2014d).

O período do império teve no Rio de Janeiro e em Salvador os dois maiores representantes no quesito monumentos históricos e culturais no Brasil. Visto que todo o período da Corte teve como sede o Rio de Janeiro, encontramos lá uma variedade imensa de prédios e construções que ainda estão preservadas.

Desde a Candelária, passando pela Biblioteca Nacional, pelo Museu Nacional, até a Catedral de São Pedro de Alcântara, em Petrópolis, temos exemplos de monumentos preservados da fase imperial no Brasil (Iphan, 2014d).

> **PARA SABER MAIS**
>
> A Biblioteca Nacional do Brasil, considerada pela Unesco uma das dez maiores bibliotecas nacionais do mundo, é também a maior da América Latina. O núcleo original de seu poderoso acervo, calculado hoje em cerca de 9 milhões de itens, é a antiga livraria de D. José. Ela foi organizada sob a inspiração de Diogo Barbosa Machado, abade de Santo Adrião de Sever, para substituir a Livraria Real, cuja origem remontava às coleções de livros de D. João I e de seu filho D. Duarte, e que foi consumida pelo incêndio que se seguiu ao terremoto de Lisboa de 1º de novembro de 1755.
>
> O início do itinerário da Real Biblioteca no Brasil está ligado a um dos mais decisivos momentos da história do país: a transferência da rainha D. Maria I, de D. João, príncipe regente, de toda a família real e da corte portuguesa para o Rio de Janeiro, quando da invasão de Portugal pelas forças de Napoleão Bonaparte, em 1808.
>
> O acervo trazido para o Brasil, de 60 mil peças, entre livros, manuscritos, mapas, estampas, moedas e medalhas, foi inicialmente acomodado numa das salas do Hospital do Convento da Ordem Terceira do Carmo, na Rua Direita, hoje Rua Primeiro de Março, Rio de Janeiro. [...]

Quando, em 1821, a Família Real regressou a Portugal, D. João VI levou de volta grande parte dos manuscritos do acervo. Depois da proclamação da independência, a aquisição da Biblioteca Real pelo Brasil foi regulada mediante a Convenção Adicional ao Tratado de Paz e Amizade celebrado entre Brasil e Portugal em 29 de agosto de 1825.

Fonte: Fundação Biblioteca Nacional, 2014.

Para saber mais sobre a história e o acervo da Fundação Biblioteca Nacional, acesse o endereço indicado a seguir.

FUNDAÇÃO BIBLIOTECA NACIONAL. Disponível em: <http://www.bn.br>. Acesso em: 11 ago. 2014.

5.1.2 Do período da república aos dias atuais

Podemos ver que foram poucos os esforços de preservação no período posterior à Proclamação da República, em 1889, já que tudo o que remetia à corte e ao império português no Brasil era tido como retrógrado e atrasado. Para que você tenha uma ideia da dimensão da displicência das autoridades quanto ao patrimônio histórico imperial, atualmente existe na cidade de São Paulo apenas um edifício realmente colonial, originalmente feito de tapera, ou seja, massa de barro com madeira: o Museu de Arte Sacra, localizado na região da Luz.

Apenas na década de 1920, com o advento do modernismo e o resgate do sentido de brasilidade, foi dado início a um processo de preservação daquilo que era fruto do Brasil, que já falava uma língua diferente da língua portuguesa de Portugal. Nessa fase, destacam-se como defensores do patrimônio nacional Rodrigo Melo Franco, Afonso Arinos e, como figura singular, Mário de Andrade, já destacado pesquisador na Prefeitura de São Paulo e estudioso do patrimônio brasileiro em diversas viagens exploratórias no Norte e Nordeste do Brasil.

Há mais de 75 anos, o Instituto do Patrimônio Histórico e Artístico Nacional (Iphan) vem realizando um trabalho permanente e dedicado de fiscalização, proteção, identificação, restauração, preservação e revitalização dos monumentos, sítios e bens móveis do país. Esse esforço pode ser reconhecido em cerca de 21 mil edifícios tombados, 79 centros e conjuntos urbanos, 9.930 sítios arqueológicos cadastrados, mais de um milhão de objetos, incluindo acervo museológico, cerca de 834.567 volumes bibliográficos, documentação arquivística e registros fotográficos, cinematográficos e videográficos, além do patrimônio mundial.

Esse patrimônio é administrado por meio de diretrizes, planos, instrumentos de preservação e relatórios que informam a situação dos bens, o que está sendo feito e o que ainda necessita ser executado. O Iphan preocupa-se em elaborar programas e projetos que integrem a sociedade civil com os objetivos do instituto, bem como busca linhas de financiamento e parcerias para auxiliar na execução das ações planejadas.

5.2 Legislação correlata

Antes de falarmos sobre a legislação do patrimônio cultural e suas formas de proteção, é necessário entendermos, inicialmente, a localização desse tema dentro da ciência jurídica, bem como percebermos qual é a sua natureza jurídica. Sabemos que o patrimônio cultural faz parte dos chamados *direitos culturais*. Mas o que são tais direitos? Como eles se organizam e qual seu alcance? É o que veremos a seguir.

5.2.1 A Constituição e o direito cultural

A expressão *direito cultural* surgiu pela primeira vez na história constitucional brasileira com o advento do art. 215 da Constituição Federal de 5 de outubro de 1988. De acordo com esse artigo, o Estado garantirá a todos o pleno exercício dos direitos culturais e o acesso às fontes da cultura nacional, além de apoiar e incentivar a valorização e a difusão das manifestações culturais. Assim, protege as manifestações das culturas populares, indígenas e afro-brasileiras, bem como das de outros grupos participantes do processo civilizatório nacional, democratiza o acesso aos bens de cultura e valoriza a diversidade étnica e regional.

5.2.2 A Constituição e o patrimônio brasileiro

O conteúdo sobre patrimônio na Constituição encontra-se no art. 216. Nele temos as definições, instrumentos, agentes e fundos que devem ser organizados para a preservação do patrimônio cultural brasileiro. Lemos o seguinte:

> Art. 216. Constituem patrimônio cultural brasileiro os bens de natureza material e imaterial, tomados individualmente ou em

conjunto, portadores de referência à identidade, à ação, à memória dos diferentes grupos formadores da sociedade brasileira, nos quais se incluem:

I – as formas de expressão;
II – os modos de criar, fazer e viver;
III – as criações científicas, artísticas e tecnológicas;
IV – as obras, objetos, documentos, edificações e demais espaços destinados às manifestações artístico-culturais;
V – os conjuntos urbanos e sítios de valor histórico, paisagístico, artístico, arqueológico, paleontológico, ecológico e científico.

§ 1º. O Poder Público, com a colaboração da comunidade, promoverá e protegerá o patrimônio cultural brasileiro, por meio de inventários, registros, vigilância, tombamento e desapropriação, e de outras formas de acautelamento e preservação.

§ 2º. Cabem à administração pública, na forma da lei, a gestão da documentação governamental e as providências para franquear sua consulta a quantos dela necessitem. (*Vide* Lei n. 12.527, de 2011)

§ 3º. A lei estabelecerá incentivos para a produção e o conhecimento de bens e valores culturais.

§ 4º. Os danos e ameaças ao patrimônio cultural serão punidos na forma da lei.

§ 5º. Ficam tombados todos os documentos e os sítios detentores de reminiscências históricas dos antigos quilombos.

§ 6º. É facultado aos Estados e ao Distrito Federal vincular a fundo estadual de fomento à cultura até cinco décimos por cento de sua receita tributária líquida, para o financiamento de programas e projetos culturais, vedada a aplicação desses recursos no pagamento de: (incluído pela Emenda Constitucional n. 42, de 19/12/2003)

I – despesas com pessoal e encargos sociais; (incluído pela Emenda Constitucional n. 42, de 19/12/2003)
II – serviço da dívida; (incluído pela Emenda Constitucional n. 42, de 19.12.2003)
III – qualquer outra despesa corrente não vinculada diretamente aos investimentos ou ações apoiados. (incluído pela Emenda Constitucional n. 42, de 19.12.2003 19/12/2003). (Brasil, 1988)

Podemos notar que os dois primeiros itens tratam de bens imateriais. Entre as formas de expressão, estão as idiomáticas, musicais, teatrais e outras; entre os modos de criar, fazer e viver, incluem-se os processos de como fazer doces, fazer cachaça ou fazer churrasco. Esses modos de fazer e viver, como o uso do fogão à lenha na culinária tradicional mineira ou caipira, são passíveis de ser preservados.

Já as criações científicas, artísticas ou tecnológicas têm seu processo e desenho garantidos de preservação. Podemos citar o avião 14 Bis, feito por Santos Dumont, em 1906, considerado o primeiro avião do mundo "capaz de realizar um voo completo incluindo decolagem, permanência no ar e repouso, sem a necessidade de uma rampa para lançamento" (RankBrasil, 2012). Obras, objetos, documentos e edificações também estão com a proteção assegurada pela Constituição, e é dever do Poder Público salvaguardar as garantias de processo de registro e tombamento. Os bens naturais contam com proteção garantida no último item, no qual conjuntos e sítios urbanos, além de bens paisagísticos, artísticos, arqueológicos, paleontológicos, ecológicos e científicos estão assegurados constitucionalmente. O art. 216 discorre também sobre os instrumentos que devem ser usados pelo Poder Público, por meio de inventários, registros, vigilância, tombamento e desapropriação, e de outras formas de acautelamento e preservação. Devemos reforçar que todas essas garantias só ocorrem após processo oficial, feito por instância federal, estadual ou municipal.

5.3 Os instrumentos de salvaguarda: inventário, registro e tombamento

Para obter a salvaguarda de um bem, é necessário, como vimos, providenciar uma série de procedimentos que devem ser cumpridos, seja pelo município, seja pelo estado, seja pelo país. Temos principalmente três ferramentas que dão dimensão legal a esse processo: o inventário, o registro e o tombamento. Apesar de tratarmos desse tema mais adiante, veremos agora que esses recursos são fundamentais para o cumprimento da salvaguarda de bens materiais e imateriais.

5.3.1 O inventário

O *inventário*, como diz a própria palavra, é o conjunto de itens de determinado âmbito, que atendem a um padrão específico. Podemos fazer o inventário de móveis, imóveis, bens naturais, bens imateriais, entre outros elementos. É possível ainda relacioná-lo com fatos ocorridos ali, criando assim um dossiê sobre essa localidade ou sítio, ou mesmo monumento ou bem móvel. Trata-se de um processo de coleta de informações, com uma metodologia apropriada e a busca de comprovação da origem de todas as peças e fatos ocorridos.

> **PARA SABER MAIS**
>
> O Inventário Nacional de Referências Culturais do Brasil (INRC) é a metodologia de pesquisa que o Iphan utiliza para "produzir conhecimento sobre domínios da vida social aos quais são atribuídos sentidos e valores e que, portanto, constituem marcos e referências de identidade para determinado grupo social" (Iphan, 2014b). O inventário não tem poderes nem de preservar nem de tombar esses bens inventariados, mas é instrumento fundamental para os procedimentos posteriores.
>
> Para saber mais sobre o assunto, acesse o seguinte *link*:
>
> IPHAN – Instituto do Patrimônio Histórico e Artístico Nacional. Inventário Nacional de Referências Culturais – INRC. Disponível em: <http://portal.iphan.gov.br/portal/montarPaginaSecao.do?id=13493&retorno=paginaIphan>. Acesso em: 10 ago. 2014.

5.3.2 O registro

O registro se constitui em um instrumento de salvaguarda. Ao contrário do tombamento, cujo objetivo é a preservação das características originais de uma obra – seja móvel, seja imóvel –, o registro trata apenas de salvaguardar o desejo de uma comunidade em manter viva uma tradição, que pode vir a sofrer mudanças com o tempo. Um exemplo é o modo de produção de queijo em Minas Gerais, cujo registro preserva e repassa o saber do ofício da fabricação de queijo tipo minas, difundido e copiado por todo o Brasil.

Os livros de registros estão divididos em quatro categorias: formas de expressão, celebrações, lugares e saberes.

5.3.3 O tombamento

De acordo com documento do Iphan, o embasamento do ato do tombamento e a legitimidade para a atuação do instituto nas cidades se dão pelo Processo de Tombamento, que deve ser, portanto, corretamente instruído. A Portaria n. 11, de 11 de setembro de 1986 (Iphan, 1986), regulamentou sua organização, determinando a apresentação, de forma clara e organizada, de instrução técnica contendo os aspectos necessários à compreensão do objeto a ser tombado (como localização, contextualização histórica, análise dos principais elementos, caracterização e propriedade) e, principalmente, a justificativa para que ele seja considerado patrimônio nacional.

Os processos de tombamento são administrativos e, além do número de protocolo, vinculam-se à chamada "série histórica" (ou série "T"), que enumera sequencialmente todos os processos já abertos pelo Iphan. Esse controle é feito pelo Arquivo Central, situado no Palácio Gustavo Capanema, no Rio de Janeiro.

> **PARA SABER MAIS**
>
> A abertura dos processos de tombamento pode ser feita a qualquer tempo, a partir de um pedido externo (por parte da sociedade civil ou de outros órgãos governamentais) ou do interesse do próprio Iphan. O pedido é remetido ao Departamento de Patrimônio e Material (Depam), que o encaminha ao Arquivo. Entretanto, é desejável que ele já venha acompanhado da instrução ou pelo menos de informações que deem algum subsídio para a compreensão da proposta.
>
> Para saber mais, acesse o seguinte *link*:
>
> IPHAN – Instituto do Patrimônio e Artístico Nacional. Tombamento. Disponível em: <http://portal.iphan.gov.br/portal/montarPaginaSecao.do?id=17738&sigla=Institucional&retorno=paginaInstitucional>. Acesso em: 16 jan. 2015.

Síntese

Neste capítulo verificamos como foi a formação das instituições protetoras do patrimônio histórico no Brasil, quais seus principais órgãos e seus principais marcos legais. Vimos o que são o inventário, o registro e o tombamento, bem como suas aplicações e implicações legais.

Questões para revisão

1. Podemos afirmar que se constituem em patrimônio cultural brasileiro os bens de natureza material e imaterial, tomados individualmente ou em conjunto, portadores de referência à identidade, à ação, à memória dos diferentes grupos formadores da sociedade brasileira, nos quais se incluem todos os itens das alternativas a seguir, **exceto**:
   a. as formas de expressão e os modos de criar, fazer e viver.
   b. as criações científicas, artísticas e tecnológicas e as obras, objetos, documentos, edificações e demais espaços destinados às manifestações artístico-culturais.
   c. os conjuntos urbanos e sítios de valor histórico, paisagístico, artístico, arqueológico, paleontológico, ecológico e científico.
   d. os moradores de rua e o modo que escolheram para viver, pela valorização e referência que a sociedade brasileira lhes emprega.

2. De acordo com a Constituição Brasileira de 1988, o Estado garantirá os seguintes direitos, **exceto**:
   a. o pleno exercício dos direitos culturais.
   b. o acesso às fontes da cultura nacional.
   c. o apoio, o incentivo, a valorização e a difusão das manifestações culturais.
   d. que os bens materiais trazidos ilegalmente pelos turistas brasileiros de outros países sejam tombados no Brasil, aumentando o acervo brasileiro e incorporando mais valor à cultura nacional.

3. São partes legítimas para iniciar a instauração do processo de registro:
   a. o ministro da Cultura.
   b. as instituições vinculadas ao Ministério da Cultura, bem como as secretarias de estado, de município e do Distrito Federal.
   c. as sociedades ou associações civis.
   d. Qualquer cidadão, seja ele brasileiro ou estrangeiro.

4. O que é tombamento?

5. O tombamento é a única forma de preservação?

Questões para reflexão

1. Faça um levantamento cronológico das leis federais sobre o patrimônio cultural brasileiro e elabore um breve resumo sobre o tema abordado em cada uma delas.

2. Verifique se há algum bem material ou imaterial tombado em sua região. Faça uma reflexão sobre a importância desse bem para a localidade.

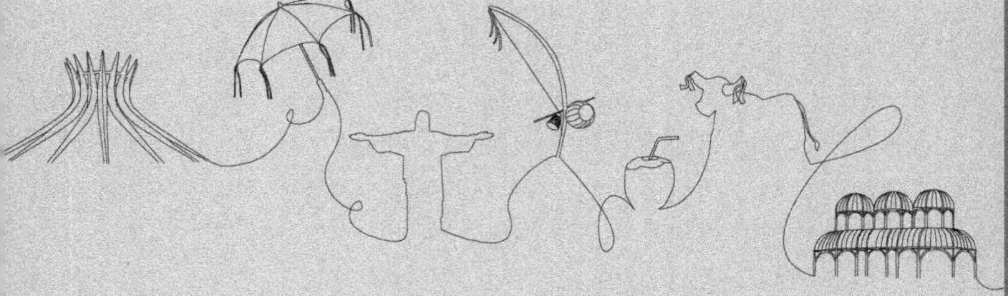

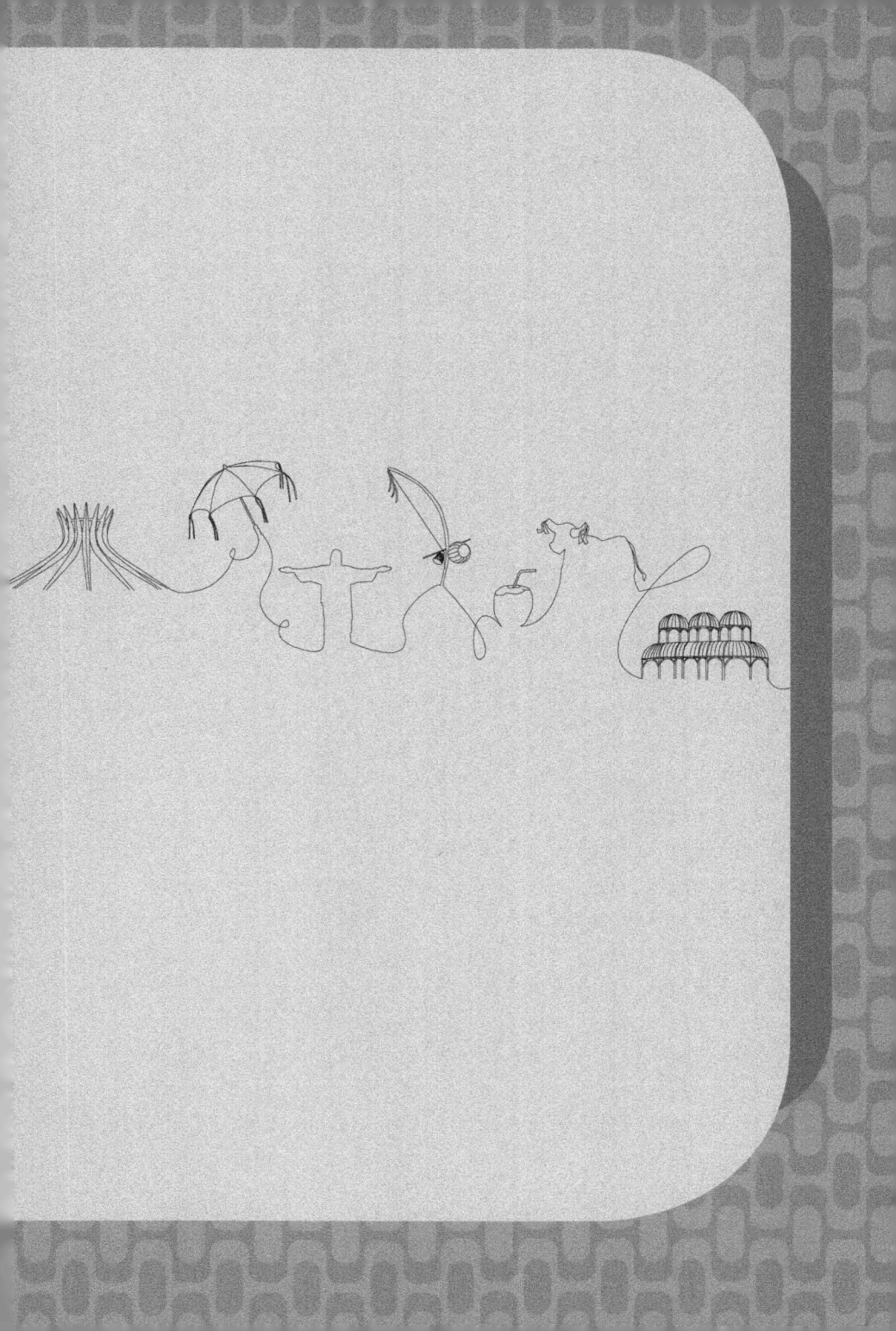

PATRIMÔNIOS DA HUMANIDADE NO BRASIL*

* Os dados indicados neste capítulo são baseados em Iphan (2015a).

CAPÍTULO 6

CONTEÚDOS DO CAPÍTULO

- Abordagem acerca dos 19 patrimônios da humanidade tombados no Brasil.
- Origem dos patrimônios e motivação para o tombamento.
- Desdobramentos dos tombamentos para as regiões.
- Pontos fortes e fracos, ameaças e oportunidades dos locais onde se situam os patrimônios.

APÓS O ESTUDO DESTE CAPÍTULO, VOCÊ SERÁ CAPAZ DE:

1. identificar os patrimônios culturais e naturais da humanidade no Brasil;
2. compreender a formação e o processo de tombamento dos patrimônios;
3. apontar pontos fortes e fracos, oportunidades e ameaças dos patrimônios no que diz respeito ao turismo e sua sustentabilidade.

6.1 A Lista de Patrimônios Culturais da Humanidade no Brasil

O Brasil conta hoje com 19 locais na seleta Lista de Patrimônios da Humanidade. Atualmente, a Organização das Nações Unidas para a Educação, a Ciência e a Cultura (Unesco) reconhece 830 bens distribuídos em 138 países. O Brasil conta com 12 bens culturais, de um total de 644 sítios de valor cultural, ou seja, 1,7% do total. Podemos dizer que se trata de um número expressivo, levando-se em conta as nações constantes da lista. Em termos de sítios naturais, são 7 tombados no Brasil, de um total de 162 que constituem sítios de importância natural, o chamado *patrimônio natural*. Essa quantidade corresponde a 4,32% do total de bens tombados, o que coloca o Brasil entre os países líderes no mundo quanto à questão ambiental referente ao patrimônio da humanidade.

Faremos agora uma breve apresentação histórica desses locais, mostrando o porquê da inclusão deles na lista da Unesco, além de um relato do turismo no região. Por fim mostraremos os pontos fortes e fracos do local, analisando também as ameaças e oportunidades de desenvolvimento do turismo.

6.1.1 A cidade histórica de Ouro Preto-MG (1980)

Localizada no Estado de Minas Gerais, a cidade de Ouro Preto foi a primeira a ser tombada no Brasil (1980) como patrimônio cultural da humanidade pela Unesco. Tem fundamental importância para as artes, a arquitetura e a história do país. A cidade mineira foi formada a partir das Bandeiras que se instauraram no país nos idos de 1650 com o intuito de povoamento do interior do Brasil colonial. Uma delas, liderada por Antonio Dias, que, ao encontrar o Pico do Itacolomi, em 23 de julho de 1698, dormiu com sua comitiva onde atualmente está a Capela de São João, em homenagem ao santo do dia, próximo à Cachoeira da Andorinhas, onde nasce o Rio das Velhas.

No século XVIII, com a descoberta do ouro e a melhoria da infraestrutura dos caminhos – com uma série de fazendas e armazéns que abasteciam a Vila Rica de Ouro Preto –, instalou-se na região a maior concentração do barroco católico brasileiro. Artistas como Antônio Francisco Lisboa, o Aleijadinho, e Manuel da Costa Ataíde, o Mestre Ataíde, imprimiram nas igrejas a arte imortal do barroco, com a participação de escravos e negros alforros, muitos deles vindos do Nordeste.

No século XVIII, Ouro Preto vivenciou a Inconfidência Mineira (1789), movimento que lutou contra os altos impostos cobrados pela Corte Portuguesa, de inspiração iluminista e que tinha como referência a Guerra de Independência americana (1775-1783). Tinha entre seus expoentes pessoas como os poetas Claudio Manoel da Costa e Thomas Antonio Gonzaga, além de Joaquim José da Silva Xavier, o Tiradentes, que se tornou o mártir do movimento, já que foi o único a ser enforcado em praça pública, no Rio de Janeiro, em 21 de abril de 1792, três anos após o fato ocorrido.

Com a mudança da capital para Belo Horizonte, no ano de 1897, a cidade perdeu boa parte de sua movimentação, fato que lhe permitiu manter seu patrimônio longe das modernidades da urbanização e a arquitetura intacta, apesar da falta de manutenção em seu casario colonial.

Apenas no início dos anos de 1920, com a vinda dos modernistas Mário de Andrade e Oswald de Andrade para a região, já em viagens exploratórias pelo resgate da cultura brasileira, o belo acervo barroco foi redescoberto. Em 1938, a cidade foi tombada como patrimônio nacional, a fim de amparar as tradições culturais lançadas pelos modernistas, e manteve em sua memória os fatos históricos do país ali vividos. Em 2 de setembro de 1980, Ouro Preto foi agraciada pela Unesco como o primeiro patrimônio da humanidade tombado no Brasil.

Ouro Preto apresenta como ponto forte o grande valor artístico e arquitetônico dos prédios e monumentos. Além disso, tem um nível de preservação bem acima de outras cidades brasileiras. Há um grande valor de pertencimento em sua população, com alto grau de participação, tanto em questões cotidianas quanto em ocasiões especiais, como festas organizadas dentro dos calendários religioso e cívico.

A cidade, apesar de sua grandiosidade, apresenta pontos fracos, entre os quais podemos citar falhas na mobilidade urbana, em função do gigantesco número de automóveis em um município tombado, com ruas e ladeiras de paralelepípedos que dificultam o andar, e o crescimento desordenado do entorno, tendo em vista a grande expansão tanto de universitários quanto do turismo, além de reformas (muitas vezes proibidas) em sua área tombada.

As ameaças a um patrimônio como Ouro Preto, próximo de uma capital de três milhões de habitantes como Belo Horizonte e de diversas cidades ao redor, estão no excesso de capacidade de carga em determinadas épocas. O excesso de pessoas verificado no Carnaval, representado na figura a seguir, pode acarretar graves acidentes, como risco de incêndios ou depredação do patrimônio, com danos irreparáveis. Perder uma obra de Aleijadinho ou uma pintura de Mestre Ataíde em decorrência de um incêndio, por exemplo, traria uma imagem de descaso impossível de ser reparada totalmente.

Crédito: Aluísio Finazzi Porto

Figura 6.1 – Estátua de Tiradentes durante o Carnaval

Por outro lado, as oportunidades do município são diversas. Dentro do âmbito turístico, há clara possibilidade de maior utilização do patrimônio cultural pela educação, com excursões que poderiam ser mais bem articuladas pelas diversas instâncias que participam desse processo, como secretarias municipais e estaduais de Educação e Cultura, além do governo federal, por meio da promoção de programas de visitas a esse tipo de cidade.

Em relação a oportunidades geradas pelos pontos fracos, devemos citar novas formas de mobilidade. A implantação de escadas rolantes, funiculares e teleféricos, ainda que pareça ser uma intervenção no patrimônio, na verdade poderá trazer resultados significativos. Hoje é difícil andar na cidade sem a ajuda de um veículo motorizado, e a implantação de um projeto arrojado de transporte coletivo e de mobilidade revolucionaria o conceito de sustentabilidade da cidade.

6.1.2 O centro histórico de Olinda-PE (1982)

A cidade de Olinda é o mais antigo conjunto histórico urbano brasileiro. Podemos dizer que Ouro Preto sofreu grande influência da cidade pernambucana, já que o primeiro ciclo do barroco ocorreu nela. Mesmo com a invasão holandesa, igrejas, monumentos e casas são originários da marcante presença portuguesa. Sua população é miscigenada, com forte influência de índios e negros.

Figura 6.2 – Igreja do Carmo de Olinda

Crédito: Simone Ferreira

A Capitania de Pernambuco foi dada a Duarte Coelho Pereira. No mesmo ano de 1534 foram fundadas as vilas de Igaraçu e Olinda. Pernambuco foi uma das poucas capitanias que prosperaram, graças à boa adaptação que a cana-de-açúcar teve ao solo daquela área. Em 1630, a capitania foi invadida pela Companhia das Índias Ocidentais, empreendimento holandês de exploração da produção de açúcar no Novo Mundo.

O Conde Maurício de Nassau, governador das possessões holandesas a partir de 1637, ajudou a desenvolver tanto Olinda quanto Recife, com diversas obras de infraestrutura, benefícios fiscais e empréstimos. Nesse período, Olinda e Recife foram consideradas as mais prósperas e urbanizadas cidades das Américas.

Com a chegada gradativa de reforços portugueses, os holandeses por fim foram expulsos em 1654 na segunda Batalha dos Guararapes, conforme mostra a obra de Victor Meirelles de Lima retratada na Figura 6.2. As duas batalhas de Guararapes, por terem sido vencidas pelos portugueses, sob o comando de João Fernandes Vieira (Funchal, 1613–Olinda, 1681), destacam-se como episódios decisivos na Insurreição Pernambucana, que culminou no término das invasões holandesas do Brasil, no século XVII. Essa batalha é considerada como o nascimento do Exercito Brasileiro.

Figura 6.3 – Batalha dos Guararapes, 1879

Fonte: Meirelles, 1879.

Esses fatores, ligados ao grande envolvimento da cultura imaterial com esse conjunto arquitetônico urbano, fazem de Olinda um lugar ímpar no mundo. O tombamento da *Cidade Alta*, como é conhecido o centro histórico de Olinda, abrange cerca de um terço do município. A Unesco declarou Olinda como patrimônio mundial em sua sexta reunião, entre 13 e 17 de dezembro de 1982, em Paris.

Assim como Ouro Preto, a singularidade e a exclusividade, aliadas ao grande número de casarios da mesma época da construção de suas igrejas e mosteiros, fazem com que Olinda tenha como ponto forte a magnitude de seu conjunto. A forte presença da população local, o alto nível de politização e a intensa participação popular tornam-na muito resistente a mudanças desenvolvimentistas.

Como pontos fracos podemos apontar as questões ligadas à preservação dos imóveis, principalmente as igrejas e casas particulares tombadas como patrimônio da humanidade.

As ameaças para a cidade de Olinda são muito parecidas com as de Ouro Preto. O Carnaval de Olinda, considerado o melhor do Brasil, tem um grande impacto sobre a cidade, principalmente no que tange à higiene pública e ao esgoto das casas super-habitadas nesse período.

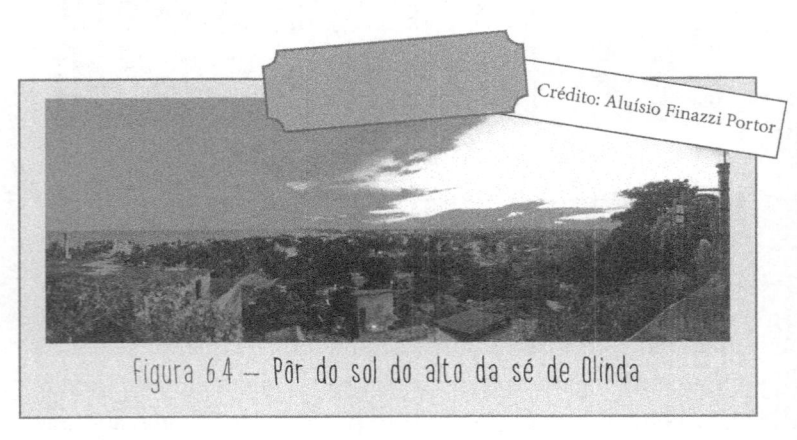

Crédito: Aluísio Finazzi Portor

Figura 6.4 – Pôr do sol do alto da sé de Olinda

A grande oportunidade é a criação de um calendário de eventos que venha a suprir as épocas de baixa temporada, tendo em vista o alto nível do receptivo turístico da cidade. O desenvolvimento de oficinas de artesanato e principalmente de pintura, aproveitando as dezenas de ateliês de pintores radicados em Olinda, deveria ser otimizado. Festivais de cultura, como o Festival de Inverno de Ouro Preto, também deveriam ser realizados com periodicidade no município.

6.1.3 As missões jesuíticas guarani, ruínas de São Miguel das Missões-RS (1983)

Os Sete Povos das Missões, localizados na confluência entre Brasil, Argentina e Paraguai, foram um exemplo típico do principal modelo de evangelização criado pelos jesuítas na América: as reduções, ou seja, as missões fixas em aldeamentos que reuniam os povos nativos. O objetivo principal desses povoados foi o de criar uma sociedade com os benefícios e a qualidades da sociedade cristã europeia, mas isenta de seus vícios e suas maldades.

Os Sete Povos nasceram como uma evolução das dezoito reduções do Tape, fundadas a partir de 1626 na margem oriental do Rio Uruguai, numa região que hoje é parte do Estado do Rio Grande do Sul. Cerca de 10 anos depois, os bandeirantes brasileiros destruíram 15 desses povoados e aprisionaram mais de 20 mil indígenas para que fossem vendidos como escravos em São Paulo.

O avanço bandeirante só foi contido na Batalha de M-Bororé, em 1641, mas, com a dissolução da União Ibérica, novos fatos políticos colocaram a empreitada missioneira na região em suspenso para ser retomada somente em 1682. Por isso, foram criadas as sete reduções que se tornaram conhecidas como os Sete Povos das Missões:

1. São Nicolau, fundada em 1626 e reinstalada em 1687;
2. São Miguel Arcanjo, fundada em 1632 e reinstalada em 1687;
3. São Francisco de Borja, fundada em 1682;
4. São Luiz Gonzaga, fundada em 1687;
5. São Lourenço Mártir, fundada em 1690;
6. São João Batista, fundada em 1697;
7. Santo Ângelo Custódio, fundada em 1706.

O primeiro ciclo das missões teve como objetivo principal a evangelização, já o segundo objetivo parece ter sido de caráter econômico, nascendo da perspectiva de aproveitamento do enorme rebanho de gado que vivia livre nos pampas e que era cobiçado também pelos portugueses. O gado se criava com facilidade e era todo aproveitável: dava couro, carne e leite, além de prover meio de tração e de transporte. Havia também cavalos e mulas em abundância. Calcula-se que esse rebanho, incluindo as várias espécies, em determinado período atingiu um milhão de cabeças.

No lado brasileiro, a mais importante missão é a de São Miguel Arcanjo, que hoje conta com suas ruínas no município de São Miguel das Missões, conforme mostra a figura a seguir. Essas ruínas se tornaram patrimônio da humanidade em 1983, dada sua importância histórica e cultural, além da demonstração da força de uma economia que até hoje tem grande relevância para toda a região sul do continente americano. O sítio foi construído entre os anos de 1735 e 1745.

Crédito: Wikimedia Commons

Figura 6.5 – Ruínas de São Miguel hoje

Crédito: Lucas Ramos/Oxphoto/LatinStock

Figura 6.6 – Interior da igreja

O ponto forte de São Miguel das Missões é a presença de uma colonização diversa daquela vista no resto do Brasil, com fortes traços hispânicos em sua arquitetura, campanhas gaúchas e grandes fazendas de gado. Também se encontram na região outros imigrantes de origem europeia, como alemães e italianos, além de uma marca deixada pela cultura indígena, evidenciada na música e nos costumes da região.

O ponto fraco está no pequeno tamanho do receptivo turístico: poucos hotéis voltados para turistas, pouca oferta de refeições e atrativos, além de uma a infraestrutura que não leva em consideração a presença do turista.

Poucas são as ameaças a São Miguel das Missões no que diz respeito à preservação do patrimônio e ao turismo. Com uma economia regional forte em função da agropecuária bem organizada, o turismo vem complementar uma situação de desenvolvimento sustentável.

A grande oportunidade é o aumento do fluxo turístico do sul do país. A organização de festivais de música e outras artes que remetam à região dos pampas e da fronteira, invocando a latinidade intrínseca da região, constituem grande possibilidade de desenvolvimento do turismo como um modo de desenvolvimento sustentável complementar à atual forma de organização econômica e social das missões.

6.1.4 O centro histórico de Salvador-BA (1985)

O centro histórico de Salvador, que também é chamado de *Pelourinho*, compreende a área histórica da cidade de Salvador, capital da Bahia, composta por ruas e monumentos arquitetônicos da época do Brasil-Colônia.

Na chamada *Cidade Alta* ficava toda a estrutura para o recebimento, o comércio e o despacho de escravos. Com um largo chamado *Pelourinho*, vários quarteirões se estendem no entorno. Hoje, esse espaço, degradado durante décadas, é o local onde toda a infraestrutura turística se encontra, com rede hoteleira que compreende desde hotéis-boutique a *hostels* que recebem mochileiros de todo o mundo. Com igrejas majestosas e ricas em ouro e prata, centenas de casas com arquitetura colonial e um astral que remete ao período da colônia e do império, a região é destaque no patrimônio turístico brasileiro.

Fundada em 1549, a cidade de Salvador foi a primeira capital do Brasil, *status* do qual gozou até 1763. Foram mais de 200 anos como ponto central de todo o funcionamento burocrático da nova terra, dada sua posição estratégica na costa sul-americana. Como capital da colônia, toda a riqueza do país era embarcada de seu porto para além-mar, assim como toda chegada de navios, com carregamentos que iam de azulejos e tijolos a negros escravos.

Em 1763, a sede do império foi transferida para o Rio de Janeiro. Mesmo assim, até o fim do período imperial, Salvador continuou desempenhando papel fundamental no trânsito e no comércio, principalmente de escravos e açúcar. Estima-se que, entre 1680 e 1850, cerca de 1 milhão de escravos tenham desembarcado no Porto da Bahia de Todos os Santos, razão por que temos uma das maiores comunidades negras do Brasil no Estado da Bahia, notadamente nessa cidade.

Em 1985, a cidade foi tombada como patrimônio cultural da humanidade pela Unesco e é até hoje uma das opções mais procuradas pelos turistas. Cerca de 10% dos viajantes que anualmente desembarcam em Salvador têm o interesse cultural como prioridade, taxa alta se pensarmos que a Bahia é um dos principais destinos brasileiros tanto de negócios quanto de praias.

Os pontos fortes de Salvador certamente são a localização e o peso histórico dentro da história do país. O centro histórico está localizado dentro do perímetro urbano de uma das maiores cidades brasileiras, estando em uma posição de destaque quanto a acesso, mobilidade, conveniência e hospitalidade, além de contar com ótima infraestrutura de conservação, sem propagandas no perímetro tombado e placas indicativas nos prédios dentro dos padrões exigidos pelo Instituto do Patrimônio Histórico e Artístico Nacional (Iphan).

Por outro lado, os pontos fracos, que constituem-se também como ameaças, se referem à própria localização, já que, como vimos em Olinda e Ouro Preto, locais incrustados em ambientes urbanos sofrem com a massificação turística e a alta exposição do patrimônio material a incidentes e acidentes que podem causar a degradação do bem tombado.

As oportunidades são claras, já que Salvador dispõe de todas as características de um dos melhores locais para se fazer turismo no mundo. Com uma rede hoteleira que conta com capacidade de ocupação plena no verão, o turismo de eventos culturais e artísticos – como festivais de inverno, artes plásticas e afins – pode aumentar a taxa de ocupação em épocas de baixa temporada, fator que gerará equilíbrio no turismo e também no nível de empregos, que se tornará mais estável em virtude da necessidade de contratação nos períodos de menor demanda turística.

6.1.5 O Santuário do Bom Jesus de Matosinhos, em Congonhas do Campo-MG (1985)

Congonhas do Campo, cidade localizada a 80 km da capital do Estado de Minas Gerais, Belo Horizonte e a 70 km de Ouro Preto, tem importância ímpar para a preservação da memória barroca brasileira, mais especificamente do gênio que foi Antônio Francisco Lisboa, o Aleijadinho, para a humanidade.

O conjunto de Bom Jesus de Matosinhos é considerado por diversos estudiosos um dos mais representativos monumentos à espiritualidade humana, já que, apesar de Aleijadinho nunca ter saído de Minas Gerais, conseguiu que todos os representados, de profetas a guardas da crucificação, tivessem um ar universal e atemporal, daí o verdadeiro furor artístico que se encontra ali. Esse conjunto, diante das duras condições de vida do tempo em que o excultor mineiro viveu, é um exemplo de abnegação, dedicação e amor à arte e ao imaginário. Por si só, as imagens "falam", mas a observação do porte dos profetas, a eloquência, a precisão do entalhe e o hiper-realismo das figuras humanas transcendem qualquer temporalidade.

A obra dos 12 profetas é reconhecida como a melhor representação ocidental dos profetas bíblicos. Os quatro principais – Isaías, Jeremias, Ezequiel e Daniel – encontram-se com outros oito: Baruque, Oséias, Jonas, Joel, Abdias, Abacuque, Amós e Naum. Tal encontro simbólico, com os profetas guardando o Reino de Deus, representado pela basílica do Santuário, e também sendo guardiães da Paixão de Cristo, como que aguardando a subida do Filho de Deus, é considerado um dos mais completos conjuntos arquitetônicos do mundo a representar a fé cristã.

Sobre a construção das 66 figuras da Paixão de Cristo, os mesmos detalhes, a configuração dos pés, muitas vezes trocados, em referência à doença do autor, os olhos destacados, a orientalização dos traços, fazem com que o conjunto seja cada vez mais valorizado como patrimônio histórico mundial. Manuel Francisco Lisboa hoje é um dos únicos mestres do mundo que dispõe de mais de um local considerado patrimônio da humanidade (Congonhas do Campo e Ouro Preto), sendo comparado a Leonardo da Vinci e Van Gogh.

Crédito: Odyssey-Imagens/Alamy/Latinstock

Figura 6.7 – Igreja de Bom Jesus de Matosinhos, Congonhas do Campo-MG

O Complexo de Bom Jesus de Matosinhos tem em sua importância artística de Aleijadinho o maior ponto forte. Como vimos, o conjunto da obra não tem paralelo no mundo, fato que, por si só, já coloca o local em um patamar de importância acima de qualquer suspeita. O ponto fraco está nas condições inadequadas do entorno: sem contar com um apoio maior no que diz respeito ao uso do local por artistas e artesãos e à infraestrutura receptiva, há uma evidente dificuldade para otimização do espaço e valorização do local no campo das artes.

As ameaças ao local estão relacionadas à preservação do complexo, principalmente no que diz respeito aos profetas. A pedra-sabão, como se sabe, caracteriza-se por grande desgaste quando exposta ao tempo e ao ambiente externo, situação que já afeta as esculturas, cujas superfícies apresentam marcas e fissuras. As figuras em cedro também sofrem com o tempo, principalmente com a ação de cupins e pragas oportunistas, dado o clima úmido e quente da região.

As oportunidades estão ligadas à utilização do local como um polo de turismo cultural, além da possibilidade do desenvolvimento de ofícios ligados à arte, por meio de intercâmbios com outras cidades que contam com escolas capacitadas para restauração e afins, como é o caso de Ouro Preto e da Fundação de Arte de Ouro Preto (Faop). Com a melhoria do receptivo, há grandes chances de maior ocupação pelo turismo cultural e patrimonial, com o desenvolvimento de roteiro próprio para tal.

6.1.6 O Plano Piloto de Brasília-DF (1987)

Brasília – obra dos gênios Lúcio Costa, urbanista que idealizou o Plano Piloto, e Oscar Niemeyer, responsável pelos monumentos da Esplanada dos Ministérios – é hoje um dos complexos urbanísticos mais estudados do mundo. Além da beleza plástica da cidade, também foram aplicados na capital nacional os princípios da Carta de Atenas, de 1933, que se caracteriza pela ideia de cidade funcional, preconizando a separação entre áreas de moradia, lazer e trabalho. Tradição do trabalho de Le Corbusier, esse pensamento da arquitetura moderna concretizou-se no Plano Piloto de Lucio Costa e nos edifícios e monumentos de Niemeyer.

Iniciada em 1956, Brasília tornou-se a capital do Brasil três anos e dez meses depois, fato que fez com que a ideia de interiorização do país ganhasse concretude. Com a eleição do mineiro Juscelino Kubitschek, conhecido como JK, em 1956, a iniciativa de se transferir a capital para o chamado *Quadrilátero Cruls*[1] tornou-se real. Lúcio Costa, entre 88 concorrentes, ganhou o concurso para a construção da cidade que receberia o nome de Brasília. O presidente convidou Oscar Niemeyer, reconhecido arquiteto, para complementar a ideia de um plano piloto, em forma de cruz, flexibilizada para baixo, formando as asas de um avião. O chamado *Plano Piloto* inseriu os preceitos do modernismo na área urbana, utilizando ideias de Le Corbusier, entre outros idealistas da escola parisiense de arquitetura, que, em 1933, em Atenas, na Grécia, se reuniram em torno da causa da preservação e reconfiguração das cidades, criando a chamada *Carta de Athenas*. Essa aplicação dos conceitos materializara-se na conformação de Brasília, formada sob a perspectiva de dois eixos, com área residencial claramente separada da de prestação de serviços e comércio, porém se comunicando entre si.

O Eixo Central do Plano Piloto, usado por Oscar Niemeyer com harmonia, integrando os prédios à natureza com o conceito de utilização do subsolo como parte das construções, fez do conjunto arquitetônico algo único. O paisagismo tem uma história

---

[1] "A Comissão Exploradora do Planalto Central, composta por 21 pessoas e chefiada pelo astrônomo e geógrafo belga Louis Ferdinand Cruls – conhecida como Missão Cruls –, demarcou uma área de 14.400 km², considerada adequada para a futura capital, que ficou conhecida como 'Quadrilátero Cruls'" (Senado Federal, 2015).

curiosa: Roberto Burle Marx, nosso maior expoente na área, era vizinho de Lúcio Costa e criticou a falta de discussão acerca da parte paisagística do projeto. O arquiteto logo convidou o paisagista a promover as necessárias interferências do local, que consistiu na criação de dezenas de jardins e espaços arborizados que alteraram a configuração da caatinga monocromática. Com plantas do próprio cerrado, Burle Marx buscou cores que se harmonizavam, completando assim a Santíssima Trindade do modernismo brasileiro: Lúcio Costa, Oscar Niemeyer e Roberto Burle Marx. Esse trabalho foi coroado pela Unesco com o reconhecimento de Brasília como patrimônio cultural da humanidade em 1987.

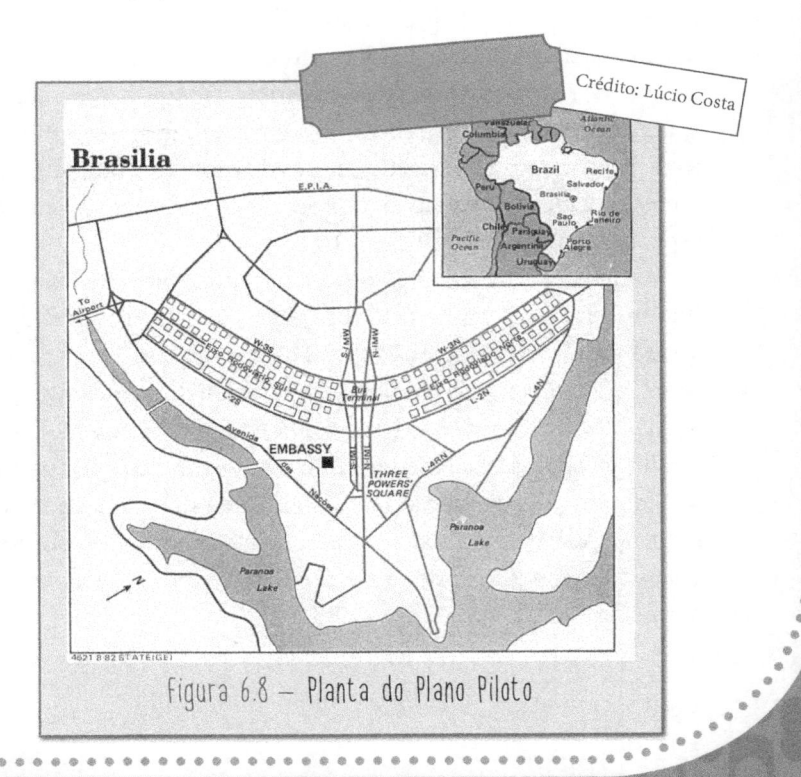

Crédito: Lúcio Costa

Figura 6.8 – Planta do Plano Piloto

Os pontos fortes de Brasília são a importância política atual da cidade e a relevância urbanística de seu projeto. Por ser a capital federal, conta com toda a cúpula dos Poderes Executivo, Legislativo e Judiciário, além de dispor de todas as representações diplomáticas de países do mundo inteiro. Essa relevância política é um dos destaques da cidade, que atrai diariamente uma ampla gama de pessoas de origens e interesses distintos. Outro ponto forte está em sua conformação urbana: com o desenvolvimento de um conceito de vida integrado entre malha viária e local de trabalho, a funcionalidade presente no uso da cidade se constitui em elemento significativo.

Os pontos fracos estão ligados ao crescimento exagerado da cidade, que, apesar da grande área desocupada, tem um fluxo diário ao Eixo Central que faz com que o congestionamento gerado seja imenso. A falta de segurança – ainda que com o aparato armado que lá se encontra – em razão do grande número de desempregados e de moradores de rua que acompanham o crescimento desordenado, também tem se destacado como aspecto negativo.

As ameaças ao Plano Piloto estão ligadas à grave especulação imobiliária, que leva a uma deturpação dos usos permitidos. Hoje há uma verticalização que chega a ser criminosa, com capítulos de corrupção protagonizados por diferentes figuras ligadas a diversos níveis do poder. Há uma reurbanização, que vai desde a remodelação do Estádio de Brasília para a Copa do Mundo até a readequação dos hotéis que estão próximos do Eixo Central, que são totalmente obsoletos dentro de padrões atuais. Essa mudança pode ameaçar a urbanização preconizada por Lúcio Costa.

Por outro lado, Brasília – sempre tida como a cidade do futuro – pode ser a capital de projetos futurísticos se encampar outro patamar de desenvolvimento. Projetos com alto grau tecnológico de ocupação da cidade referentes à sustentabilidade poderiam fazer da cidade uma ponta de lança em matéria de desenvolvimento sustentável. Tal iniciativa atrairia capital humano – já que conta com diversas universidades –, além de poder ser reconhecida mundialmente como um local do futuro. Esse tipo de alavancagem já vem sendo feita até mesmo por cidades brasileiras como Recife, que desenvolveu nas docas desocupadas do porto o projeto do porto tecnológico, fazendo uso de tecnologia motor para o desenvolvimento local.

6.1.7 O Parque Nacional da Serra da Capivara, em São Raimundo Nonato-PI (1991)

O Parque Nacional da Serra da Capivara, com 129.140 ha e um perímetro de 214 km, está localizado no sudeste do Estado do Piauí, ocupando áreas dos municípios de São Raimundo Nonato, João Costa, Brejo do Piauí e Coronel José Dias. A cidade mais próxima do Parque Nacional é Coronel José Dias, e São Raimundo Nonato é o maior centro urbano. A distância que o separa de Teresina, a capital do estado, é de 530 km. A maneira mais rápida de se chegar ao Parque é através de Petrolina, cidade pernambucana da qual dista 300 km e que dispõe de aeroporto, ligando a região com Recife, Rio de Janeiro, São Paulo e Brasília. Contaremos aqui a história paleontológica do referido parque.

Figura 6.9 – Cânions da Serra da Capivara

Crédito: Alexandre Baxter/Nitro Imagens/Latinstock

A região, encravada no interior do Brasil, está muito distante de toda a costa brasileira. Com formações rochosas, o Parque Nacional da Serra da Capivara situa-se em domínio da caatinga, mas conta com muitas matas de transição de cerrado no seu limite norte. A vegetação é formada por arbustos espinhosos, com uma história geomórfica muito antiga. A localização interiorana resultou no registro de 33 espécies de mamíferos não voadores, 24 de morcegos, 208 de aves, 19 de lagartos, 17 de serpentes e 17 de sapos. O destaque do parque é o mocó, único mamífero endêmico da caatinga e que tem na onça pintada o maior predador.

Em toda a zona do parque, são encontradas pinturas rupestres, que representam uma manifestação notável e espetacular deixada pelas populações pré-históricas que viveram ali. Os três sítios que apresentaram as mais antigas datações obtidas na área do Parque Nacional são abrigos sob rocha, que se formam pela ação da erosão, que, agindo na base dos paredões rochosos, vai desagregando a parte baixa das paredes, criando assim verdadeiros abrigos que, ao longo do tempo, desmoronam dada a ação do vento. Durante milênios, essa sobreposição de rochas criou locais encobertos, que trazem a mais antiga civilização americana a ser conhecida.

O reconhecimento do Parque Nacional da Serra da Capivara como patrimônio da humanidade, em 1991, apesar de sua classificação como patrimônio natural, teve também outras motivações, como a antropológica e a paleontológica. Com 912 sítios cadastrados, dos quais 657 registram pinturas rupestres, a região foi palco de uma rica experiência pré-histórica, com sinais de presença do ser humano há cerca de 100 mil anos. Tal presença é hoje fonte de estudos de diversos paleontólogos, antropólogos e geólogos que se embrenham em meio ao parque inóspito, formado por erosões que formam um conjunto o qual transporta o tempo antigo para a atualidade. Essa mistura de natureza com nossos ancestrais cria condições muito propícias para a utilização do local como ponto de turismo ecológico e educacional. Por meio de visitas guiadas, tem sido possível manter e também preservar o acervo de relíquias, peças e inscrições rupestres do parque.

Os pontos fortes do parque estão ligados à importância paleontológica e arqueológica de seus resquícios civilizatórios. Com pinturas e cerâmicas que datam de até 10 mil anos, não há paralelo no continente americano da importância desses sítios para a humanidade, fato que já justifica a proteção do patrimônio.

Por outro lado, há pontos fracos a serem apontados. O Parque Nacional esteve abandonado durante dez anos por falta de recursos federais. Ao longo desse período, a unidade de conservação foi considerada "terra de ninguém" e, como tal, objeto de depredações sistemáticas. A destruição da flora tomou dimensões incalculáveis: caminhões vindos do sul do país desmatavam e levavam, de maneira descontrolada, as espécies nobres. O desmatamento dessas espécies, próprias da caatinga, aumentou a despeito da criação do parque, em decorrência da falta de vigilância.

As ameaças são claras, como pudemos ver nos pontos fracos que eclodem ao redor do parque. As causas dessa situação são em parte externas à região, mas também decorrem da participação da população que vive no entorno. São comunidades muito pobres, algumas das quais exploravam roças no interior dos limites atuais do parque, que dificilmente compreendem a necessidade de proteger espécies animais e vegetais, uma vez que lutam pela sobrevivência. Essas são ainda hoje ameaças presentes que podem destruir de forma irrecuperável esses sítios.

Como oportunidade, vemos que a implementação de um rigoroso plano de manejo do parque, incluindo o turismo ecológico com estudo de capacidade de carga, pode fazer do lugar um ponto de visitação que venha a gerar emprego e renda para os carentes moradores da região. Já existe um trabalho organizado pela Fundação Museu do Homem Americano (Fundham), com ótimos resultados, até mesmo econômicos, para o entorno do parque.

6.1.8. O centro histórico de São Luís-MA (1997)

São Luís, capital do Estado do Maranhão, situada no nordeste do Brasil, teve o centro histórico reconhecido como patrimônio mundial em 1997. A cidade costeira conta com o maior conjunto de casas azulejadas fora de Portugal – país com maior tradição nessa arte. A ideia caiu muito bem ao clima tropical misturado com o ciclo das marés, que na cidade pode chegar a 7 m – uma das maiores amplitudes de marés de todo o território brasileiro. Com um clima úmido, os azulejos mantinham muito bem tanto a fachada dos prédios quanto o interior deles. Como precisavam vir com lastro para tornar a viagem mais segura e tinham a incumbência de levar produtos do Brasil para a Europa, os navios traziam para cá azulejos, que serviam sobremaneira para o intuito da preservação do casario colonial, que conta com mais de 1,4 mil prédios. São sobrados e casas térreas, com fachadas em taipa azulejadas, telhados em telas de barro e plantas em L ou U.

A cidade tem ampla gama de prédios históricos, que vão de conventos, como os do Carmo e das Mercês, até igrejas, palácios de governo e casas representativas da época. Seu conjunto traduz uma fase em que São Luís representava o primeiro ponto de parada para quem vinha de navio da América do Norte e era local de ampla utilização por embarcações tanto portuguesas quanto francesas e inglesas.

São Luís do Maranhão nasceu na época das capitanias hereditárias. Em 1535, João de Barros teve oportunidade de iniciar a colonização do local, que era ocupada por cerca de 600 índios tupinambás. A região é uma ilha, com uma maré que chega a variar até 7 m, fator que dificultou a ocupação.

Com a Guerra da Secessão americana, o algodão maranhense substituiu o americano, fato o que trouxe grande desenvolvimento para a cidade portuária. O papel de porto recebedor de importações e escoador de produtos primários brasileiros fez com que ela ganhasse o *status* de terceira maior cidade do país na segunda metade do século XVIII, criada pelo ciclo têxtil.

Até hoje, o casario dessa cidade é utilizado pelo comércio, por grandes redes de departamento, o que significa que muitas ocupações, reformas e destinações foram realizadas completamente fora do uso desejável para um patrimônio tão importante como esse.

Em virtude de a tal importância, houve grande preocupação em se preservar o centro da cidade, que foi tombada pela Unesco em 1997. Essa iniciativa foi primordial para que se interrompesse o ciclo de destruição do patrimônio, que sofre até hoje com a descaracterização das fachadas, a falta de uniformidade visual e a grande poluição tanto visual quanto de detritos do comércio. O tombamento pela Unesco foi vital para a preservação do que hoje se tem como área de patrimônio da humanidade.

Os pontos fortes de São Luís estão ligados à grande quantidade de prédios que compõem o acervo arquitetônico colonial do centro histórico. O tamanho dos edifícios, muitos com até quatro andares, fez da cidade um tipo brasileiro de ocupação bem diferente de todo o resto do país. Outro aspecto positivo é o forte componente cultural, que a torna efervescente. A localização natural privilegiada, com a presença da maré diária que influencia a vida de todos, traz ao local peculiaridades que também se caracterizam como pontos fortes.

Já em relação aos pontos fracos, notamos que o principal deles é o baixo comprometimento dos proprietários dos imóveis com a preservação. Dezenas de construções estão em situação precária, alguns em ruínas. O uso dos imóveis também é totalmente deturpado, sem falar na poluição visual que também cria uma situação de fragilidade ao local tombado.

As ameaças ao centro histórico estão ligadas diretamente ao processo de fiscalização necessário para a preservação do patrimônio. Muitas casas estão em situação deplorável e há um abandono geral de vastas áreas comerciais. O uso por empresas de serviço, principalmente ligadas ao turismo, após um período de grande revitalização no início do século XX, teve um recrudescimento nos últimos anos e diversos estabelecimentos foram fechados. O centro da cidade, em diversas épocas – como a baixa temporada, após o verão –, tem ficado abandonado, dando espaço à enorme falta de segurança, que se reflete na diminuição do fluxo de turistas ao local.

A grande oportunidade do local está na força de sua cultura, composta de uma forte presença negra e indígena. Tal atributo pode trazer forte atratividade turística, principalmente de visitantes americanos e europeus, dada a proximidade do estado maranhense com essas regiões. Com o desenvolvimento da rede hoteleira e o crescimento da cidade para outras regiões, a vocação do centro para o turismo pode ser revigorada se houver um bom projeto de ocupação cultural.

6.1.9 O centro histórico de Diamantina-MG (1999)

O centro histórico de Diamantina, assim como Ouro Preto, tem sua área territorial central de 28,5 hectares tombada. A partir de 1720, um grande fluxo de mineradores, sempre seguindo o ouro de aluvião, se estabeleceu na região, criando então uma área urbana ribeirinha aos rios explorados. Esse local conta hoje com intenso fluxo de turistas durante o ano inteiro, dada sua importância como área urbana preservada do período colonial. Reconhecida em 1999 como patrimônio da humanidade, a cidade, encravada na Serra do Espinhaço, conta hoje com 48 mil habitantes, uma universidade federal com mais de 7 mil alunos e fluxo contínuo de turistas que vêm em busca de história, cultura e sossego.

O município teve início com Jerônimo Gouvêa, que se estabeleceu na bacia do Rio Jequitinhonha, no encontro dos rios Pururuca e Grande, onde achou grande quantidade de ouro. Distante cerca de 300 km de Belo Horizonte, o local era inóspito e totalmente isolado. O chamado *Arraial de Tijuco*, com o tempo, foi se transformando em ponto de referência no comércio de ouro e diamantes. Com a abundância do metal e da pedra, grande fluxo de pessoas e de riqueza durante todo o século XVIII fez com que o casario, inspirado nas cidades portuguesas e representado pelo estilo colonial de casas sem recuo, com portas e janelas de madeira e telhado de barro, se tornasse símbolo do período aurífero.

Com o passar do tempo e o fim do ciclo do ouro e dos diamantes, Diamantina ficou praticamente parada no tempo; ganhou alguma notoriedade quando Juscelino Kubitschek, seu filho mais ilustre, tornou-se presidente do Brasil. Com o reconhecimento da cidade como patrimônio mundial da humanidade, no ano de 1999, e um novo ciclo de desenvolvimento, agora baseado no turismo histórico e cultural, surgiu enfim um alento para a conservação do seu centro colonial.

Diamantina tem como pontos fortes o nível de preservação de seu patrimônio, o envolvimento da população e sua universidade federal. Com traços religiosos significativos, a participação da comunidade durante todo o ano nos eventos locais fortalece o turismo e influencia positivamente o crescimento altamente sustentável. Também como aspecto positivo destaca-se a forte presença da Universidade Federal do Vale do Mucuri e Jequitinhonha, que tem em Diamantina um *campus* em franco crescimento, fato que deve impulsionar o desenvolvimento da cidade pelo viés da educação.

O ponto fraco é a distância, já que ela está localizada a cerca de 300 km de Belo Horizonte, capital de Minas Gerais, e sofre com concorrência com cidades como Ouro Preto e Tiradentes, que distam 100 km. As ameaças são derivadas de possibilidades de catástrofes ambientais, como enchentes, além de superlotação advinda de festas como o carnaval, que vem crescendo consideravelmente nos últimos anos. As oportunidades estão ligadas a um incremento no calendário de eventos da região, incluindo um roteiro ligado a esportes radicais, em franca evolução em todo o estado.

6.1.10 O centro histórico da cidade de Goiás-GO (2001)

Assim como Ouro Preto e Diamantina, Goiás Velho, como também é conhecida essa simpática cidade localizada no coração do Brasil – mais propriamente no Estado de Goiás, próximo de Goiânia, sua capital –, tem no centro histórico preservado o motivo de seu tombamento. Com aproximadamente 25 mil habitantes, conta com um casario com arquitetura típica colonial barroca, advinda do período aurífero, que manteve suas características desde o final do século XVII, após o esgotamento do ouro na região. Por estar em local bastante isolado, a preservação contribuiu para que em 2001 o centro histórico fosse reconhecido como patrimônio cultural da humanidade.

Os bandeirantes, liderados por Bartolomeu Bueno da Silva, fundaram em 1727 o Arraial de Santana, elevado dez anos depois à Vila Boa de Goiaz. O primeiro governador, o Conde dos Arcos, instalou o Governo da Capitania de Goiaz e decidiu que a vila seria a capital. O nobre construiu diversos prédios importantes, inclusive o palácio que leva seu nome. Posteriormente, por volta de 1780, iniciou-se um processo de urbanização, sob a liderança de Luis da Cunha Mendes, completado com a criação de ruas, jardins e prédios que são referência até hoje.

Com o esgotamento do ouro, a atividade econômica passou da mineração para a agropecuária. O *status* de capital de Vila Boa de Goiás ainda mantinha a cidade como referência cultural, com suas diversas formas de expressão artística, como saraus, cantigas, grupos folclóricos e festas típicas.

Porém, o grande impacto foi a transferência da capital para Goiânia, nos anos de 1930. Se, por um lado, essa mudança foi negativa, com o esvaziamento da cidade, por outro fez com que ela ficasse preservada durante todo esse tempo. Com fortes raízes culturais africanas e indígenas, esse isolamento considerável de outras localidades urbanas fez com que Goiás Velho fosse reconhecida em 2001 como patrimônio cultural da humanidade.

Crédito: Marco Antonio Sa/ Kino.com.br

Figura 6.10 – Museu Casa de Cora Coralina

Sua formação topográfica, situada entre rios, é uma grande preocupação, já que cheias são constantes devido à confluência de rios que cortam a cidade. Durante a primeira década do século XX, várias enchentes provocaram estragos no patrimônio histórico, inclusive na casa de Cora Coralina. No entanto, a grande demonstração de cidadania foi a reconstrução da cidade, que se mobilizou para enfrentar o problema.

Um dos pontos fortes que podemos notar em Goiás Velho é o alto nível da preservação. O isolamento da segunda metade do século XX, após a transferência da capital para Goiânia, e o crescimento da preocupação preservacionista tornaram possível que cerca de 90% do patrimônio arquitetônico fosse mantido.

Outro aspecto positivo é a participação da população, além de um calendário de eventos que inclui o Festival Internacional de Cinema Ambiental, com participação de filmes de dezenas de países.

Entre os pontos fracos, podemos destacar a fragilidade do sistema de escoamento de águas das chuvas, em virtude da topografia da cidade. O desmatamento, o assoreamento e o desrespeito ao uso dos rios também já causaram prejuízos irreparáveis ao patrimônio de Goiás Velho.

A questão ambiental, como afirmado anteriormente, além de uma fraqueza, continua sendo ainda hoje uma grande ameaça à cidade tombada. A cada temporada de chuvas há um desconforto tanto por parte da população quanto das autoridades no que concerne à ocorrência de novas enchentes. A cidade não tem tomado as devidas providências no que diz respeito ao cumprimento de normas ambientais para que esse risco seja prevenido.

As oportunidades que podemos vislumbrar estão ligadas ao desenvolvimento de um turismo ecológico que una cultura e meio ambiente. Essa ação, além de criar um clima favorável à preservação do patrimônio, pode trazer turistas interessados em conhecer melhor o belo patrimônio brasileiro da Região Centro-Oeste.

6.1.11 A Praça de São Francisco, em São Cristóvão-SE (2010)

São Cristóvão está situada na Região Metropolitana de Aracaju, a 26 km da capital do Estado de Sergipe. É considerado o quarto município mais antigo do Brasil, atrás de Salvador, Rio de Janeiro e João Pessoa. Foi também a primeira capital do estado, até 1855, quando houve a transferência para Aracaju. Sua criação está ligada à época da união dos reinos de Castela e Aragão, visto que os espanhóis tinham a intenção de fortificar as defesas litorâneas da área entre Olinda e Salvador. Por dispor diversos edifícios da época colonial, foi considerada patrimônio mundial em 2010.

São Cristóvão foi fundada em 1º de janeiro de 1590 por Cristóvão de Barros, na época da dinastia filipina em Portugal. A proximidade da costa, margeando um rio que dá acesso ao mar, fez dela um ponto de importância estratégica. Na época de sua fundação, era necessária a colonização, para fins de segurança, da costa brasileira entre as Vilas de Olinda e Salvador. A principal função da cidade foi a de preservar a costa brasileira do domínio luso-espanhol.

Sua história foi marcada por lutas e guerras. Desde a invasão dos holandeses, em 1637, até revoltas contra impostos, em 1710, muitos episódios estiveram presentes nessa cidade que tem características luso-espanholas. Com o crescimento da região, a demanda por um porto maior que pudesse escoar o açúcar produzido pelos engenhos fez com que um novo local fosse construído em Aracaju, que passou primeiramente a ser referência econômica e, em seguida, política, com a transferência da capital, em 1855. Esse processo levou ao esvaziamento da cidade, que ganhou algum fôlego apenas com a chegada do século XX e o advento da ferrovia e de fábricas de tecido.

Essas edificações com características ibéricas, mantidas até os dias de hoje com ares coloniais, foram tombadas como patrimônio cultural da humanidade em 10 de agosto de 2010, durante reunião anual da Unesco realizada em Brasília.

O ponto forte de São Cristóvão está em sua localização, próxima de Aracaju, capital do Estado de Sergipe. Além disso, há o alto grau de preservação da cidade. O ponto fraco está ainda no desconhecimento da existência da localidade: poucas pessoas a visitam, em comparação com outras que são tombadas, como Olinda, Ouro Preto ou até mesmo Diamantina.

As ameaças estão presentes na possível falta de preservação, se a cidade vier a ser conhecida e um fluxo maior de turistas vir a se desenvolver. Entretanto, há pouco risco de isso acontecer. As oportunidades, por sua vez, são muitas, pois existe um grande espaço para a cidade trilhar após o tombamento como patrimônio mundial da humanidade.

6.1.12 Rio de Janeiro: paisagens cariocas entre o mar e montanhas (2012)

O último bem reconhecido como patrimônio cultural da humanidade no Brasil foi o Rio de Janeiro. O evento ocorreu em 2012, e as chamadas *paisagens cariocas*, encontradas entre o mar e as montanhas, foram o marco representativo do reconhecimento. Elas comportam patrimônios culturais, como o Cristo Redentor, uma das Sete Novas Maravilhas do Mundo, e o Bonde do Pão de Açúcar, com a Baía da Guanabara, as praias de Copacabana e Ipanema, além da Lagoa Rodrigo de Freitas, os parques (como o Jardim Botânico e o Parque da Tijuca) e monumentos representativos do período do império e da república no Brasil, dado que o município foi a capital do país durante mais de 100 anos.

Além disso, conta com a Baía da Guanabara, cujo espaço comporta grande quantidade de embarcações que, no início da colonização, podiam ancorar com tranquilidade e em segurança. A grande quantidade de praias, que delimitavam a entrada da Mata Atlântica logo após a chegada em terra, também fez com que, desde o início da chegada dos portugueses ao continente sul-americano, o Rio de Janeiro fosse bastante visado como local de parada e negócios no novo continente.

A cidade foi descoberta em 1º de janeiro de 1502. Por acharem que se tratava da foz de um rio, deram ao local o nome de Rio de Janeiro. Estácio de Sá fundou em 1º de março de 1565 a cidade de São Sebastião do Rio de Janeiro, com a intenção de marcar posição e estabelecer uma fortaleza além-mar do governo português.

O estabelecimento de uma cidade no local acabou transformando o Rio de Janeiro em um porto de grande importância para a época. Já em 1660, a cidade contava com 6 mil índios, 750 portugueses e 100 negros. O comércio de açúcar e de madeira e a pesca moviam a economia; o local era entrada para todo o interior do Brasil, principalmente para as Minas Gerais, cidade que viria a se tornar fundamental para diversas cidades do Brasil.

A descoberta do ouro na região das Minas Gerais acabou sendo um grande impulsor da economia da região, atraindo a atenção do governo central português, que passava por grave crise política e econômica, principalmente por decorrência do terremoto de 1755 em Lisboa e por desavenças no trono português. O Marquês de Pombal, como primeiro-ministro, transferiu a capital da cidade de Salvador para o Rio de Janeiro em 1763.

A combinação de um porto, praias, lagoas, montanhas e a confluência com importantes estados brasileiros fizeram do

Rio de Janeiro a capital do Brasil no ano de 1763. O Marquês de Pombal, no intuito de centralizar o envio de ouro, madeira e açúcar da Região Sudeste para Portugal, estabeleceu com mãos de ferro a política de controle de impostos, montou uma estrutura burocrática de coletas e implementou uma estrutura de Estado na cidade. Esse processo gerou um aumento da importância da futura metrópole, o que perdurou até o final do século XVIII. Com a crise do ouro, o Rio de Janeiro ganhou fôlego com a chegada da família imperial, em 1808, em decorrência das Guerras Napoleônicas. Esse evento teve grande influência na vida da cidade, que ganhou ares de metrópole e chegou ao final do século XIX com cerca de 800 mil habitantes. Com a independência, o Rio tornou-se a capital do novo país e capital política a partir de então.

No século XX, o Rio de Janeiro viveu seu auge, com a implementação e o desenvolvimento de diversas obras urbanas e construções modernas, como um novo porto e o Palácio Industrial, no Morro da Urca, que foi totalmente remodelado por ocasião da Exposição Nacional de 1908, em comemoração aos 100 anos de abertura dos portos e da chegada da família imperial no Brasil. Para que você tenha uma ideia do investimento, o custo somente dessa intervenção urbana foi de 1% das receitas da União naquele ano. Toda essa modernidade trazida pela industrialização se misturou à herança portuguesa da colônia e do império. Com o estabelecimento do Estado Novo e da ditadura de Getúlio Vargas, o papel econômico da cidade e do Estado do Rio de Janeiro se ampliou. A instalação de diversas indústrias, como a Companhia Siderúrgica Nacional (CSN – em Volta Redonda), e a ampliação do papel do Porto do Rio de Janeiro, com a construção de refinarias da Petrobras, fizeram o Rio de Janeiro ter papel fundamental no desenvolvimento do Brasil no século XX.

Devemos ressaltar ainda o papel social, político e dos usos e costumes cariocas que influenciaram todo o Brasil. Diversos movimentos musicais, como a bossa nova e o samba, tiveram no Rio seu centro gravitacional. As escolas de samba, criadas a partir do início do século XX como uma forma de organização dos desfiles de carnaval promovidos pelas comunidades negras dos morros cariocas, assim como o desenvolvimento do futebol, que culminou na realização da Copa do Mundo de 1950 no Brasil, são formas de influência do legado cultural carioca para todo o país.

O Rio de Janeiro sempre foi protagonista quanto ao turismo. Se pensarmos na influência da cidade na formação da imagem brasileira, não podemos esquecer do papagaio Zé Carioca, de Walt Disney, que representou o Brasil e que foi para a América com a ajuda de Carmem Miranda. O encanto promovido pelas belas praias, o povo que interage com o turista e a beleza dos morros, representados pelo Pão de Açúcar e pelo Corcovado, formam um conjunto que torna o Rio de Janeiro a maior porta de entrada para o turismo em todo o Brasil. Seu reconhecimento como patrimônio da humanidade se deu no dia 1º de julho de 2012, durante reunião da Unesco na Rússia. Tem como apelido "Cidade Maravilhosa", dados seus predicados.

Os pontos fortes do Rio de Janeiro estão na interação da natureza com a urbanidade, representadas pelas praias que recebem milhares de pessoas todos os dias. Com seu clima quente durante o ano inteiro, a cidade se tornou o maior destino não apenas para os turistas estrangeiros, mas também para brasileiros. Além disso, a capacidade de receber grandes eventos, que vão desde a Jornada Mundial da Juventude, em 2012, até as Olimpíadas de 2016, passando pelas festas anuais como o Carnaval e o Réveillon, que trazem milhares de pessoas de todo o mundo, sempre fizeram da cidade um cardápio variado de produtos turísticos, que incluem hotéis e locais de visitação turística.

O Rio de Janeiro conta ainda com grande quantidade de empresas de comunicação, como as Redes Globo e Record, que fizeram da cidade suas centrais de produção de conteúdo artístico, como novelas e seriados. Isso faz da metrópole o centro da produção cinematográfica do país, já que os nomes reconhecidos pelo público estão radicados ali. Essa conjunção de apelos turísticos se constitui nos pontos positivos do patrimônio carioca.

Já os pontos fracos são inerentes à urbanização do século XX. Com cerca de 12 milhões de habitantes, a Região Metropolitana do Rio, composta por 21 outras cidades como Niterói, São Gonçalo e Duque de Caxias, tem problemas de natureza ambiental, transporte, moradia e segurança. Com a conformação da cidade do Rio caracterizada principalmente por morros, as favelas, desde o final do século XIX, passaram a fazer parte da paisagem carioca. Com essa dinâmica, há, de certa forma, uma clara separação social, dado que aqueles que moram nos locais próximos das praias são sempre os mais ricos, com a população pobre habitando os morros e favelas.

Essas contradições se materializam nos altos índices de criminalidade, com áreas dominadas pelo tráfico e pelas milícias, forças que ocupam determinadas regiões e que cobram para garantir segurança. Esses pontos fracos estão no cerne da discussão sobre segurança pública e ocupação dos morros pelas chamadas *Unidades de Polícia Pacificadora* (UPPs). Todas essas tentativas estão em jogo neste momento, visto que o grandes teste do Rio serão as Olimpíadas de 2016 a serem realizadas na cidade.

6.2 A Lista de Patrimônios Naturais da Humanidade no Brasil

Tão encantadoras quanto a cultura brasileira são as riquezas naturais do país. A fauna e flora são compostas por milhares de espécies, muitas desconhecidas em função de as áreas estarem em locais remotos. Além da variedade, diversas delas só são verificadas no Brasil e desempenham papel fundamental no equilíbrio ecológico tanto da conservação da terra quanto do clima, inclusive mundial. Sabe-se que sem os complexos amazônico e pantaneiro, o desequilíbrio climático atingiria toda a Terra. Desde 1986, o Brasil já teve sete locais considerados patrimônios naturais da humanidade. Analisaremos todos eles, assim como fizemos com os patrimônios culturais brasileiros.

6.2.1 O Parque Nacional de Iguaçu, em Foz do Iguaçu-PR (1986)

O Parque Nacional do Iguaçu, no Estado do Paraná, foi criado pelo Decreto-Lei n. 1.035, de 10 de janeiro de 1939 (Brasil, 1939), do então Presidente Getúlio Vargas. Sua superfície total abrange, do lado brasileiro, uma área de 185.262,5 hectares, com um perímetro de aproximadamente 420 km, dos quais 300 km são limites naturais representados por cursos d'água; os lados brasileiro e argentino têm, juntos, aproximadamente 225 mil hectares. A grandiosidade do parque vem principalmente das cataratas, que despejam uma quantidade de energia impressionante com suas quedas. Além disso, conta com áreas preservadas que compõem um ambiente equilibrado e em harmonia. As áreas de trilhas são muitas e compõem diversos cenários e níveis de dificuldades, agradando a todos os tipos de público. Com ótima e funcional administração, pela qual a Fundação Chico Mendes é responsável, trata-se de um dos expoentes do patrimônio da humanidade do Brasil.

A região de Foz do Iguaçu é reconhecidamente uma área na qual os primeiros habitantes eram indígenas tupi-guarani. O local está encravado exatamente na divisa de três países – Paraguai, Argentina e Brasil – e, por situar-se em limite do Tratado de Tordesilhas, sempre foi um ponto de confluência dessas nações. Tal posição geográfica, aliada à grandiosidade das cataratas, fez com que as preocupações dos governantes da região estivessem direcionadas para a segurança.

Em 1916, o "pai da aviação", Alberto Santos Dumont, impressionado com a beleza e a importância científica do Parque e da região, pressionou o governador do Paraná, Afonso Camargo, a criar o Parque Nacional de Foz de Iguaçu no lado brasileiro. O local, propriedade particular na época, foi declarado de interesse público em 1916 e em 1930 foi ampliado e transformado no Parque Nacional do Iguaçu.

O parque foi reconhecido patrimônio natural da humanidade pela Unesco em 17 de novembro de 1986. Além disso, a administração do local está sob a responsabilidade do Instituto Chico Mendes de Conservação da Biodiversidade (ICMBio), fato que permitiu a criação de uma grande infraestrutura de proteção refernte à preservação.

Todo esse reconhecimento não é sem motivo. Estar de frente com o poderio das cataratas do Iguaçu, andar entre matas virgens que se estendem por quilômetros e sentir a força do vento gerado pela água que cai das quedas d'agua são emoções indescritíveis que justificam o tombamento do parque como patrimônio natural mundial.

Além das exuberantes cataratas e seus arco-íris, o turista pode conhecer outros pontos de interesse: o Centro de Visitantes, o Zoológico, a Linha Martins, o Parque das Aves Foz Tropicana, a Trilha do Poço Preto, o Salto do Macuco, a Trilha das Bananeiras e a Praça e Estátua de Santos Dumont, homenagem feita pela extinta Viação Aérea São Paulo (Vasp) ao criador do avião , que usou todo seu prestígio com o governo do Estado do Paraná na transformação da área das Cataratas do Iguaçu em um Parque Nacional.

Os pontos fortes do Parque Nacional do Iguaçu estão ligados à força das águas, que conferiu às cataratas o título de uma das Sete Maravilhas da Humanidade. As quedas, integradas ao contorno do rio e dos caminhos que se estendem ao longo das margens, dão uma visão real da potência da natureza. Essa experiência é uma das mais fortes emoções que o homem pode ter.

Outro ponto forte é a infraestrutura do parque, certamente a melhor do Brasil. Com transporte apropriado, feitos por ônibus panorâmicos, filas organizadas para compras de bilhetes e preço condizente com o serviço, a estrutura conta com diversas trilhas que se estendem pelas paradas que vão da entrada até as cataratas, em circuito com cerca de 8 km. Todos esses diferenciais acabam por oferecer segurança e prazer ao turista.

Crédito: Fotolia

Figura 6.11 – Panorama com passarela do parque e as Cataratas do Iguaçu ao fundo

As oportunidades estão ligadas ao próprio parque, que pode ainda expandir sua utilização sustentável por meio do contínuo uso e do controle das maravilhosas trilhas que o cortam. Há uma diversidade de roteiros em condições de serem ainda mais dinamizados, além da organização de eventos específicos de conscientização mediante a educação ambiental. Em parceria com a Hidrelétrica de Itaipu, é possível maior integração dos dois roteiros, que hoje praticamente são independentes. Deve-se agregar o gigantismo das cataratas ao da hidrelétrica, realmente uma das maiores intervenções da mão humana na terra.

6.2.2 Mata Atlântica: reservas do Sudeste

O trecho da Mata Atlântica que se inicia na Serra da Jureia, em Iguape (Estado de São Paulo), e vai até a Ilha do Mel, em Paranaguá (Estado do Paraná), foi declarado reserva da biosfera pela Unesco em 1991 e patrimônio natural mundial em 1999. A Mata Atlântica, que se estendia por 17 estados brasileiros, correspondia a aproximadamente 1,3 milhão de km^2 ou 15% do território nacional. Após 500 anos de ocupação, a área ficou reduzida a 95 mil km^2, ou seja, 7,3% da original.

A destruição da Mata Atlântica teve início logo na primeira década do descobrimento. Já a partir de 1502, diversos carregamentos de madeiras como pau-brasil, peroba, pequi e jacarandá foram levados para a Europa – nos 30 primeiros anos depois da chegada dos portugueses, o foco voltou-se apenas à exploração da madeira. Apenas 7% da cobertura original perdura atualmente, a grande maioria dessa área estando localizada no litoral dos estados do Rio de Janeiro, São Paulo, Paraná e Santa Catarina: na chamada *Serra do Mar*, que tem início em Campos dos Goytacazes, norte do estado do Rio de Janeiro, passa por todo o litoral fluminense e pelo Estado de São Paulo, entre Ubatuba até Cananeia, entra no Paraná e se estende até a altura de Florianópolis, em Santa Catarina.

Dentro desse território, há uma biodiversidade comparada à Amazônia, onde encontramos mais de 250 espécies de mamíferos, mais de mil de pássaros, 190 de répteis, 340 de anfíbios e 350 de peixes, distribuídos em diversos corredores, parques, *hotspots* (áreas em alto risco de extinção) e reservas. Esse cenário, possível graças à distribuição da floresta em diversas latitudes e longitudes, faz desse patrimônio natural a maior biodiversidade do planeta. Merece destaque o território compreendido entre o Parque da Jureia e a Ilha do Mel. Desde 1991, essa área é considerada pela Unesco como um dos patrimônios naturais da humanidade no Brasil. A intenção do reconhecimento foi a busca da preservação da cobertura primária e sua surpreendente biodiversidade, mas também a manutenção do legado étnico e cultural da tradição indígena, representados por índios que ali estão há centenas de anos e que demonstram total entrosamento com a vida na floresta. Esse povo do litoral, chamado de *caiçara*, faz parte do dia a dia dos diversos complexos do bioma da Mata Atlântica localizados no litoral do sul-sudeste do país.

Os pontos fortes estão ligados principalmente à biodiversidade da Mata Atlântica (a maior do mundo) e a sua localização. Essa pequena área conta com mais de duas centenas de mamíferos, grande parte deles endógenos. Também a grande quantidade de espécies vegetais, com origem primária dentro do seu bioma, é de importância fundamental.

A localização, como já destacado, constitui outro diferencial significativo. Chama atenção o fato de que ainda temos no Estado de São Paulo uma área tão preservada quanto essa. Levando em conta que está situada no estado mais populoso do país, trata-se de uma verdadeira joia rara. Também podemos considerar como ponto forte as populações que vivem nessas imediações: indígenas e caiçaras que habitam a região há centenas de anos e que se integram harmoniosamente com o meio ambiente.

Como ponto fraco, inclui-se a grande fragilidade da natureza. Qualquer modificação nessa estrutura tão complexa pode comprometer a existência do bioma atlântico. O alto nível de desmatamento, advindo principalmente da especulação imobiliária, transformou a região em um local muito visado. Por essa razão, deve-se ter um esquema muito intenso de fiscalização contra o desmatamento e a especulação imobiliária.

6.2.3 Costa do Descobrimento: reservas da Mata Atlântica-BA/ES (1999)

A Costa do Descobrimento é composta por 16 municípios, 12 no Estado da Bahia e 4 no Espírito Santo. Uma corrente marítima que vem dos mares do Norte, em sentido Leste-Oeste e Norte-Sul, embala desde o século XVI navios diretamente da Europa para a costa da Bahia. Esse trajeto tem sido feito com menores esforços desde que Pedro Álvares Cabral descobriu a rota que confirmava que a Terra era redonda, já que não havia uma borda por onde se caía para o fim do mundo, crença que perdurou até o fim da Idade Média. O ponto avistado por Cabral foi um monte, distante alguns quilômetros da costa litorânea e que podia ser avistado do alto-mar, e levou o nome de Monte Pascoal, em virtude da data da chegada, 22 de abril de 1500, época da Páscoa. A princípio, o local foi chamado de Ilha de Vera Cruz, achando-se tratar de uma ilha. Após outras expedições portuguesas, descobriu-se que era um continente, daí o nome de Terra de Santa Cruz. Em 24 de abril, as embarcações atracaram na Baía de Cabrália. Depois de oito dias em terra, em 2 de maio partiram, deixando para trás dois degredados e dois desertores.

Somente em 1511, com a descoberta da madeira que tinha a cor de brasa, chamada de *pau-brasil*, a nova terra foi chamada de Brasil.

A chamada Costa do Descobrimento foi tombada em 1999 em função de sua importância histórica e natural, já que conta com longo trecho ainda preservado de mata nativa, com presença de tribos indígenas, principalmente da etnia pataxó, além de diversos biomas únicos do encontro de mar e terra.

Crédito: Alexandre Coppi/Pitanga RM/LatinStock

Figura 6.12 — Monte Pascoal — Costa do Descobrimento-BA

Apenas a partir de 1532, com o sistema de capitanias, aquela de nome Porto Seguro prosperou, em virtude da ocupação do litoral, e foi utilizada como ponto de partida para a penetração no interior da nova terra. Apesar disso, os constantes ataques dos índios aimorés fizeram com que o sistema de capitanias fracassasse e fosse substituído por um governo-geral que se instalou em Salvador. Tomé de Souza desenvolveu uma parceria com os jesuítas, personagens fundamentais para a colonização do litoral da Bahia, fundando e ocupando locais como Porto Seguro, Cabrália e Santa Cruz.

Já no século XIX, com a vinda da Família Real para o Brasil – além do crescimento das plantações como a de cacau e de fumo na região –, um breve progresso veio ocupar o lugar, misturando tradições conservadoras com o desenvolvimento urbano. Essa fase está bem descrita por Jorge Amado em diversos livros, como *Gabriela, cravo e Canela*, no qual os coronéis se misturaram a figuras tipicamente urbanas, como prostitutas e malandros típicos de cidades. Grandes plantações de cacau, fumo de corda, cana-de-açúcar e algodão deram o tom da região durante séculos.

Essa situação se manteve até meados da década de 1950, quando em 1954 foi construída a BR-101, a chamada *Rio-Bahia*. A obra se estendeu até 1972 e trouxe consigo grande desenvolvimento do turismo e demanda por destinos como Porto Seguro e Morro de São Paulo. As cidades litorâneas mantêm uma característica colonial, com construções típicas das épocas do cacau, com casario antigo e construções como igrejas e monumentos do período colonial.

Quanto à paisagem, a chamada *Costa do Descobrimento* conta com três tipos de formação geomorfológica, que incluem montanhas arredondadas, como o Monte Pascoal, áreas litorâneas com falésias que chegam até o mar e áreas com praias em arenito extenso, com larguras que chegam a dezenas de quilômetros. Essa variedade cria uma diversidade de flora e fauna, a qual soma mais de 800 espécies endêmicas nessas duas categorias. Por tudo isso, a região mereceu o reconhecimento como patrimônio natural mundial em 1999.

Na atualidade, a região é um dos maiores polos turísticos do Brasil, com diversas cidades que vivem do turismo, tais como Porto Seguro, Trancoso, Cabrália, Comuruxatiba e Arraial d'Ajuda.

A Costa do Descobrimento tem pontos fortes na confluência entre história e natureza. Quando se chega à região, a impressão é de uma volta no tempo, com paisagens que certamente são ainda iguais àquelas vistas por Pedro Álvares Cabral. Com um grau de preservação ainda alto, as paisagens costeiras, com praias exuberantes e cidadezinhas à beira-mar, com sua cultura ribeirinha, com barcos coloridos, fazem a imaginação voltar ao século XVII.

Os pontos fracos estão na falta de estrutura de visitação aos parques do descobrimento, visto que não existe padrão para a visita nem grandes roteiros coletivos. Há apenas passeios a tribos, como a dos pataxós na Reserva da Jaqueira. Outros roteiros poderiam ser mais bem organizados para que o turismo cultural fosse explorado mais adequadamente e não só o de sol e praia, característico do local.

A grande ameaça está no desmatamento desregrado ocasionado pela especulação imobiliária. Diversos condomínios e casas estão sendo construídos ao longo de toda a Costa do Descobrimento, chamando a atenção nos perímetros urbanos de cidades que compõem a paisagem. A deterioração dessa paisagem é um fato real, que deve ser combatido.

As maiores oportunidades estão no turismo ecológico e cultural, pois unir o tema do descobrimento com a preservação ambiental significará um ótimo ganho de valor para o turismo local.

6.2.4 Complexo de Conservação da Amazônia Central

Criado no interior do Estado do Amazonas, o Complexo de Conservação da Amazônia Central, primeiramente reconhecido em 2000 pela Unesco e do qual fazia parte o Parque Nacional do Jaú, foi ampliado e hoje é composto pelas Unidades de Conservação do Jaú, de Anavilhanas, de Amanã e de Mamirauá. Ao todo, são mais de 6 milhões de hectares, área maior do que o Estado do Espírito Santo (4,6 milhões de hectares).

A história da ocupação da Amazônia teve início logo no século XVI, quando, a partir de 1530, diversas expedições espanholas fizeram incursões ao longo do rio. A partir de 1850, com a fundação de Manaus, a interiorização se concretizou. O ciclo da borracha veio a consolidar essa situação, fazendo com que o rio fosse o grande vetor de ocupação e urbanização daquela cidade.

Por outro lado, as centenas de etnias de índios e milhares de tribos e povoados que existiam ao longo do rio fizeram com que uma miscigenação entre índios, brancos e negros tivesse ali um significado especial, pois forjou uma raça que vive até hoje exclusivamente do que a natureza lhe concede. Áreas remotas ao longo dos rios Negro e Solimões, com populações ribeirinhas formadas por caboclos, cafuzos, mamelucos e índios, tornam a região um verdadeiro Éden em pleno século XXI. A predominância indígena é notória e vai desde os traços físicos até a alimentação.

A aprovação de um novo patrimônio natural da humanidade no Brasil pela Unesco aconteceu em 2 de julho de 2010, quando o Comitê do Patrimônio Mundial se reuniu em Paris. O chamado *Complexo de Conservação da Amazônia Central* foi criado próximo de Manaus e dos rios Negro e Solimões. As quatro unidades de conservação haviam sido consideradas "áreas de extrema importância" em 1999. Uma das recomendações, na ocasião, era a de que fosse implantada, no médio prazo, fiscalização nas mais de 400 ilhas que compõem Anavilhanas. Já a Reserva de Mamirauá recebeu, em 2001, por meio do Instituto de Desenvolvimento Sustentável Mamirauá, o Prêmio Unesco de Meio Ambiente.

Típicos da fauna equatorial, nessa região são encontrados mamíferos de hábitos crepusculares e noturnos, como as já raras ou ameaçadas onça-pintada, suçuarana ou onça-parda, além de felinos menores, como a jaguatirica, jaguarundi e gato-do-mato (*Leopardus sp*). Há também o peixe-boi, a ariranha ou lontra gigante, os botos, o guariba-vermelho, o macaco-da-noite, o macaco-de-cheiro e a anta. Entre os peixes, encontram-se o pirarucu, o tucunaré e os tambaquis. Há uma grande variedade de répteis: jabutis, jacaré-açu, sucuri e tartarugas; entre as aves, há garças, araras, papagaios, bacuraus e outras.

Toda essa riqueza justifica a preservação da Amazônia, mas há também outro fator primordial: os chamados *rios voadores*. A umidade trazida pelos ventos advindos do complexo tem a capacidade de evaporação do dobro do próprio Rio Amazonas. Essas chuvas são a maior contribuição para os regimes pluviais da Região Nordeste, o que significa que qualquer desequilíbrio no Amazonas pode gerar uma desertificação de toda a Região

Sudeste, a mais rica do Brasil. Portanto, pode-se imaginar o desastre de um desmatamento da região.

Os pontos fortes do Complexo de Conservação da Amazônia Central são sua diversidade, preservação e extensão, além da população ribeirinha que completa a paisagem verdejante. Não existe no mundo uma extensão de verde e água tão grande. Podemos sentir a imensidão da natureza quando estamos nas águas do Rio Negro, na divisa com o Solimões e vemos as diferenças de tons Negro de águas que não se misturam. Quando se sobrevoa o Amazonas, passa-se mais de uma hora sem que se note absolutamente nenhum sinal de civilização. Essa magnitude é o ponto alto da visita à Floresta Amazônica.

Os pontos fracos estão na fragilidade das redes de preservação oficiais da floresta. Com poucos fiscais e policiais que possam reprimir madeireiros e criadores de gado, as regiões periféricas dos quatro parques que compõem o Complexo Amazônico vivem em constante alerta contra esse tipo de invasão. Em outras palavras, é ineficiente a fiscalização tanto dos desmatamentos quanto da ocupação dos núcleos urbanos, que contam com pouca ou nenhuma infraestrutura de saneamento e saúde.

As ameaças são constantes contra a região. Há invasões clandestinas, seguidas de queimadas, expulsão de pessoas e cercamento de terras devolutas ou de propriedade do governo. Não há um dia sequer que não se tenham notícias de queimadas e invasões de madeireiros e fazendeiros, além da grande pressão contra ribeirinhos, que são jogados nas periferias dos aglomerados urbanos que a toda hora surgem na Amazônia Legal. Esse tipo de ameaça é o grande mal trazido pelo discurso desenvolvimentista, principalmente do período da ditadura militar.

As oportunidades do complexo são imensas. Poucas árvores foram domesticadas economicamente. Podemos destacar dentre elas duas, que cada vez mais têm demonstrado vitalidade e oportunidade econômica: a pupunha, palmito que, além da árvore, dá grande quantidade de fibras para a construção de casas; e o açaizeiro, cuja fruta (açaí) é cada vez mais popular no Brasil inteiro e que, no Norte, como em Belém, é prato diário no cardápio da população, inclusive urbana. Essa riqueza, ainda inexplorada, constitui grande oportunidade de desenvolvimento social. Também o turismo, que mantém-se embrionário perto das possibilidades da região, merece atenção em um futuro próximo.

6.2.5 Complexo de Conservação do Pantanal (2000)

O Complexo do Pantanal, ou simplesmente Pantanal, é um bioma constituído principalmente por uma savana estépica, alagada em sua maior parte, com 250 mil km² de extensão, altitude média de 100 m situado no sul de Mato Grosso e no noroeste de Mato Grosso do Sul, ambos estados do Brasil, além de também englobar o norte do Paraguai e o leste da Bolívia, o chamado *chaco boliviano*. Considerado patrimônio natural mundial e reserva da biosfera pela Unesco, está localizado na região do Parque Nacional do Pantanal, mas, apesar disso, há um reduzido número de áreas pantanosas na região pantaneira. Além disso, tem poucas montanhas, o que facilita o alagamento em épocas específicas do ano.

O Pantanal é uma formação geológica criada a partir de falhamentos de blocos continentais, devido à fantástica pressão exercida pelas Montanhas dos Andes nos últimos 500 milhões de anos, criando uma depressão amparada pelas dobras que existem no sudeste do país. Essa formação faz com que tal depressão que forma o Pantanal também tenha grande influência no regime das águas de diversas bacias, como as dos rios Apa, Xingu, Branco, Guapé, Corumbá, Cuiabá e Alto Paraguai.

O alto nível de águas traz consigo também centenas de tipos de espécies animais e vegetais. De novembro a abril, quando do período de cheia, há uma ocupação de todo o espaço por águas, o que abre espaço para que centenas de tipos de peixes se espalhem pelo banhado, atraindo também centenas de tipos de aves, além de jacarés, pacas e antas. Com o fim das águas e o início da seca, grande número de animais de pastagens retorna ao local, como o gado de criadores e veados, cervos, lobos, raposas e pequenos animais. A riqueza de sua fauna e flora é gigantesca. São cerca de 650 espécies de aves, 1,1 mil de borboletas, 125 de mamíferos e 263 de peixes.

O Pantanal conta ainda com uma riqueza humana resultante da miscigenação de caboclos, índios e mestiços, conformando o que chamamos de *homem pantaneiro*, que conseguiu sobreviver nesse ciclo mutagênico do ambiente. Com uma cultura calcada na criação de gado, no uso do fluxo das águas e na agricultura de subsistência, o pantaneiro convive em harmonia com a natureza.

Crédito: Nasa

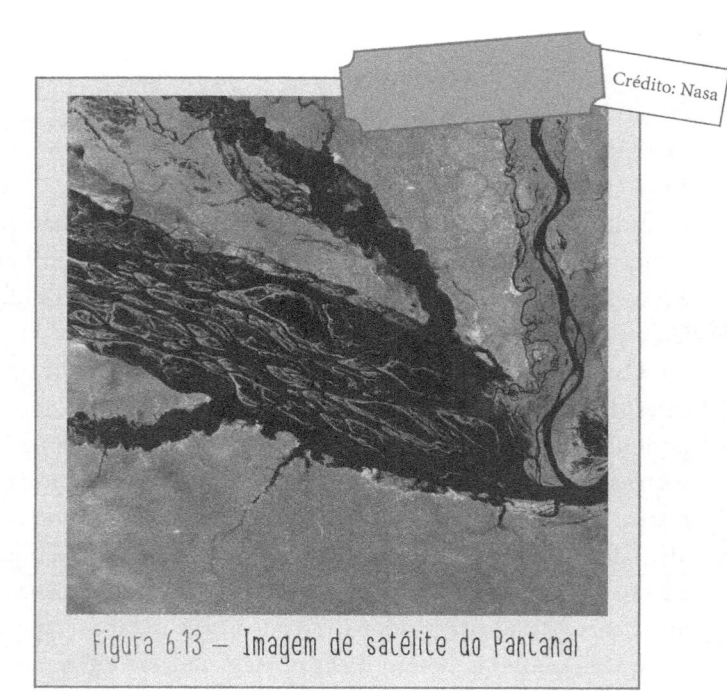

Figura 6.13 – Imagem de satélite do Pantanal

Os pontos fortes do Pantanal estão ligados principalmente aos componentes ligados à hidrologia, com a grande mudança do regime de águas, quando durante grande parte do ano numerosas áreas ficam inundadas. Além da beleza natural, esse regime faz com que a biosfera criada pela água auxilie na manutenção das temperaturas climáticas. Outro aspecto positivo é a complexidade e diversidade ecológica, além da integração entre o homem pantaneiro e sua realidade mutante. Pastos naturais que se enchem de água levemente salobra, ideal para o gado, são utilizados para a criação de um dos maiores rebanhos do Brasil. Com características próprias, o pantaneiro vive em harmonia com a natureza e tem compreendido a importância da mudança hidrológica para a sobrevivência do sistema climático.

Os principais pontos fracos situam-se, como na Amazônia, na fragilidade associada à preservação e à invasão clandestina de áreas marginais ao Pantanal. Com pouco pessoal para fiscalização, o aspecto negativo está na delimitação do controle do uso das terras e águas pantaneiras.

Fazendas em áreas onde nascem os rios, queimadas criminosas nas épocas de seca, aumento do plantio de culturas agrícolas como soja e milho, além da construção de pequenas barragens, são dificuldades reais enfrentadas pela área de preservação do Pantanal. Entre os problemas ambientais estão o desequilíbrio ecológico provocado pela pecuária extensiva, pelo desmatamento para produção de carvão com destruição da vegetação nativa; a pesca e a caça predatórias de muitas espécies de peixes e do jacaré; e o garimpo de ouro e pedras preciosas, que gera erosão, assoreamento e contaminação das águas dos rios Paraguai e São Lourenço. Soma-se a essas agressões o turismo descontrolado que produz lixo e esgoto e põe em risco a tranquilidade dos animais. Todas essas são ameaças ao patrimônio da humanidade. Também o desmatamento nas regiões da Amazônia tem criado problemas ao Pantanal, já que boa parte das chuvas que chegam na região é trazida pelos rios voadores, que comentamos anteriormente.

As oportunidades estão ligadas a atividades relacionadas à preservação, como o ecoturismo. Já existem diversas pousadas pantaneiras que praticam essa modalidade de turismo sustentável, que pode ser uma das alternativas para o fim da exploração irregular do Pantanal. O artesanato, que utiliza matéria-prima local, como o do capim dourado, tem feito muito sucesso fora da região e pode ser um caminho promissor na geração de renda e emprego para o pantaneiro.

6.2.6 Áreas protegidas do cerrado: Chapada dos Veadeiros e Parque Nacional das Emas

O Parque Nacional da Chapada dos Veadeiros é uma unidade de conservação de proteção integral à natureza localizada no nordeste de Goiás, a cerca de 450 km de Goiânia, capital do estado. A estrutura abrange uma área de 65.514 hectares de cerrado de altitude, com alta incidência de áreas em quartzito, montanhas e cânions. Já o Parque Nacional das Emas situa-se a 427 km a oeste de Goiânia e apresenta características muito parecidas às da Chapada dos Veadeiros. Em razão da formação de chapada, em ambos incidem diversas cachoeiras, quedas d´água e formações geológicas de beleza impressionante. Em 2001, a Unesco reconheceu-os como patrimônio mundial da humanidade por sua importância ecológica e biológica.

Figura 6.14 – Vista da Chapada dos Veadeiros

Crédito: Alex Robinson/JAI/Corbis/Latinstock

No começo do século XX, foram poucas as expedições na região – uma delas foi a Coluna Prestes, em 1926. Também passou por ali, a partir de 1931, o serviço de Correio Aéreo Brasileiro, com o brigadeiro Lysias Rodrigues, que escreveu, com base em seus diários, *O roteiro do Tocantins*. A descoberta de minas de cristal gerou uma febre de mineração na área a partir de 1912, o que levou à criação dos povoados de São Jorge e Alto Paraíso de Goiás. Essa exploração ocorreu até meados do século XX e, após esse período, com a transferência da capital para Brasília e a inauguração do Parque Nacional em 1961, teve início a exploração do turismo. Nasceu nessa época a mística que persegue a região, dadas as aflorações de quartzos, a natureza transcendental e a ligação com Machu Picchu, por estar localizado no paralelo 14, o mesmo da cidade andina.

Os parques contam com mais de 50 espécies endêmicas e sob risco de extinção em sua fauna e mais de 1,5 mil espécies de plantas em sua flora, das cerca de 6 mil de todo o cerrado. Ambos foram reconhecidos como patrimônio natural da humanidade em dezembro de 2001, dada a importância desse bioma natural do cerrado.

Os pontos fortes estão na riqueza ambiental e na singularidade dos parques. Situados em uma região inóspita, mas que tem sido cada vez mais povoada, sua riqueza é imensa. Contam com grande afloração de quartzo, trazendo para o turismo seu lado místico, além de centenas de quedas d´água que fazem do relaxamento e da meditação uma das atrações do patrimônio natural do cerrado. O ponto fraco, assim como as ameaças, estão nas depredações, nas invasões e nos saques que sistematicamente ocorrem na região, dada a impossibilidade de toda a sua extensão ser vigiada.

As oportunidades relacionam-se à exploração turística sustentável da área, já que há um grande campo de atuação nesse segmento, com um turismo que pode ser de baixo impacto e de grande valor agregado.

6.2.7 Ilhas atlânticas brasileiras: reservas de Fernando de Noronha e Atol das Rocas

As ilhas atlânticas brasileiras, compostas da Reserva Biológica Atol das Rocas e do Arquipélago de Fernando de Noronha, são unidades de conservação de proteção integral brasileira situadas entre os Estados de Pernambuco e Rio Grande do Norte.

O Atol das Rocas localiza-se a 267 km a nordeste da cidade de Natal (RN) e a 148 km a oeste do Arquipélago de Fernando de Noronha. Este está distante 546 km de Recife (PE), em mar territorial brasileiro.

O complexo das ilhas atlânticas brasileiras está localizado no extremo oriental do Brasil e compõe as mais remotas e singulares ilhas do Atlântico brasileiro. O Atol das Rocas, como já explica a própria definição científica, é uma formação biogênica, ou seja, resultante da elevação de corais e de formações biológicas calcificadas. Já Fernando de Noronha é um arquipélago de 21 ilhas de origem vulcânica, pertencente ao Estado de Pernambuco e situado a nordeste de Recife. É considerado um distrito estadual, com a gestão feita por um administrador indicado pelo governo estadual.

A primeira descrição escrita da ilha foi feita por Américo Vespúcio, que, em sua *Lettera*, explica que se trata de terra de "infinitas águas e infinitas árvores; aves muito mansas, que vinham comer às mãos; um boníssimo porto que foi bom para toda a tripulação" (*Lettera a Soderini* – Carta a Soderini, 1506). Esse evento ocorreu em 1503, o que faz do arquipélago uma das mais antigas ocupações do Novo Mundo. Vespúcio esteve na segunda expedição ao Brasil, patrocinada por Fernando de Noronha, a quem a Coroa deu posse do arquipélago – daí a origem do nome, ainda que ele nunca tenha estado ali. Foi uma capitania hereditária sem a presença do donatário. Durante dois séculos ficou sem ocupação, apenas com a passagem de expedições, até que no século XVII houve a invasão de holandeses e franceses, fato que revelou que o arquipélago era muito vulnerável. Por essa razão, Portugal resolveu fazer fortificações no arquipélago, com a construção do que foi considerado um dos maiores sistemas de fortificações no Novo Mundo no século XVIII: dez fortes foram edificados, dos quais a Fortaleza de Nossa Senhora dos Remédios é a mais representativa.

Essas construções foram fruto do trabalho de presidiários, já que o arquipélago tornou-se prisão naquela mesma época. Todas as benfeitorias da ilha, como fortes, estradas e infraestruturas edificados na época, foram obra dos presos. Por causa dessa escolha, a vegetação original do arquipélago foi devastada, para evitar fugas. Poucos são os vestígios originais, como alguns costões e montes.

Pessoas ilustres como Charles Darwin e Debret passaram por lá. Em 1938, o arquipélago foi cedido ao Governo Federal para servir de presídio político. Durante a Segunda Guerra Mundial, foi base para os americanos e para a Força Expedicionária Brasileira (FEB). Cerca de 3 mil soldados se instalaram no arquipélago, em casas construídas com madeira. Após a Constituição de 1988, o território passou para as mãos do governo de Pernambuco, como se mantém até hoje, com a indicação de um governador-geral para o distrito estadual. Em 13 de dezembro de 2001, a Unesco considerou o arquipélago sítio do patrimônio mundial natural – o diploma foi entregue em 27 de dezembro de 2002.

Os pontos fortes estão na singularidade e na endemia criada na fauna e flora dos locais, já que são estruturas únicas na terra e no Atlântico. De certa forma, não existem pontos fracos no local, mas ameaças representadas pela exploração inadequada do turismo em Fernando de Noronha. As oportunidades estão no desenvolvimento de formas de turismo não invasivo, com maior controle da atividade. O arquipélago tem sofrido até de falta de água, visto que o turismo nas épocas de temporada tem competido com os moradores da ilha na utilização do raro produto.

As ameaças estão na superocupação pelo turismo. Dado o alto grau de ocupação da região, há hoje grandes problemas de abastecimento. A falta de água é constante, principalmente devido à presença de turistas em todas as épocas do ano.

Síntese

Neste capítulo, identificamos os locais tombados como patrimônios da humanidade pela Unesco no Brasil. Apresentamos patrimônios culturais e naturais, assim como os pontos fortes, pontos fracos, ameaças e oportunidades desses locais do ponto de vista turístico.

Questões para revisão

1. Sabemos que o Brasil dispõe de 19 patrimônios tombados pela Unesco, dos quais 12 como patrimônio cultural e 7 como patrimônio natural. Acerca dos patrimônios da humanidade tombados no Brasil, todos podem ser considerados patrimônio cultural, **exceto**:
    a. a cidade histórica de Ouro Preto-MG.
    b. as missões jesuísticas guarani, ruínas de São Miguel das Missões-RS.
    c. o centro histórico de Salvador-BA.
    d. as ilhas atlânticas brasileiras: reservas de Fernando de Noronha e Atol das Rocas.

2. Ainda considerando os patrimônios da humanidade tombados no Brasil pela Unesco, o único que pode ser considerado patrimônio natural é:
   a. o Plano Piloto de Brasília-DF.
   b. o centro histórico de Olinda-PE.
   c. o Parque Nacional de Iguaçu-PR.
   d. a Praça de São Francisco, em São Cristóvão-SE.

3. O Parque Nacional da Serra da Capivara-PI, embora apresente uma linda área natural, com uma vegetação semiárida, paisagens variadas nas serras, vales e planície – é o único parque do mundo com esse domínio morfoclimático, abrigando uma fauna e flora exóticas e pouco estudadas –, é tombado como patrimônio cultural, e não como patrimônio natural. Tal opção pode ser explicada, sobretudo, em razão:
   a. das construções barrocas encontradas em seus limites.
   b. da importância paleontológica e arqueológica de seus resquícios civilizatórios.
   c. das festas de congado realizadas no mês de dezembro.
   d. da caça comercial que se transformou numa prática popular, com consequências nefastas para a população de animais que começaram a diminuir de forma alarmante, mas se tornando tipicamente a cultura do lugar.

4. Os órgãos brasileiros também são responsáveis pelo tombamento do patrimônio da humanidade? Justifique sua resposta.

5. Quais bens no Brasil são considerados tombados pelos órgãos competentes?

Questões para reflexão

1. Verifique se em sua cidade ou região há cartões postais que contenham imagens do patrimônio nacional entre os 19 patrimônios da humanidade tombados pela Unesco. Veja se é difícil ou fácil encontrá-lo. Isso fará com que você tenha a dimensão da importância do patrimônio brasileiro para sua região.

2. Veja a programação dos dois principais canais de televisão de sua região e verifique se há algum programa cultural ou turístico ligado ao patrimônio cultural brasileiro.

PARA SABER MAIS

Para saber mais sobre os patrimônios turísticos o Brasil, confira a lista de *sites* a seguir:

MUSEU IMPERIAL. Disponível em: <http://www.museu imperial.gov.br>. Acesso em: 19 dez. 2014.

NBR NOTÍCIAS. Brasil possui 25 manifestações reconhecidas como patrimônio imaterial pela Unesco. Disponível em: <https://www.youtube.com/watch?v=X6QWNyM6IHU>. Acesso em: 19 dez. 2014.

UNESCO – Organização das Nações Unidas para a Educação, a Ciência e a Cultura. Disponível em: <http://www.unesco.org>. Acesso em: 11 nov. 2014.

A RELAÇÃO ENTRE O PATRIMÔNIO E AS COMUNIDADES LOCAIS NO BRASIL

CAPÍTULO 7

CONTEÚDOS DO CAPÍTULO

- Análise sobre a influência das comunidades que compõem o entorno dos patrimônios da humanidade no Brasil.
- O componente humano como fator de grande atratividade turística.

APÓS O ESTUDO DESTE CAPÍTULO, VOCÊ SERÁ CAPAZ DE:

1. perceber a correlação entre comunidade, turismo e patrimônio histórico;
2. entender a influência entre as comunidades, suas ferramentas e seus modos de vida.

7.1 A formação do povo brasileiro, as comunidades locais e o patrimônio

Na perspectiva do patrimônio, é necessário que voltemos a falar sobre a importância do patrimônio imaterial para a salvaguarda dos bens materiais e naturais que compõem os 19 locais tombados no Brasil como patrimônios da humanidade. A Unesco definiu, na Convenção para Salvaguarda do Patrimônio Cultural Imaterial, aprovada em 2003, o conceito de *patrimônio cultural imaterial* como as práticas, as representações, as expressões, os conhecimentos e as técnicas – junto com os instrumentos, objetos, artefatos, lugares que lhes são associados – que as comunidades, os grupos e, em alguns casos, os indivíduos reconhecem como parte integrante de seu patrimônio cultural (Unesco, 2006).

Conforme nos esclarece Souza (2005), a respeito da ampliação dos conceitos de *patrimônios* e criação do conceito de *patrimônio imaterial*:

> A adoção deste conceito por parte de órgãos internacionais como a UNESCO se deu dentro do contexto do pós-guerra. Foram reconhecidos os direitos humanos em âmbito internacional. O redirecionamento das preocupações mundiais foi fator importante para que o mundo enxergasse novos patrimônios e se desprendesse do reducionismo artístico e histórico. As convenções e os tratados internacionais refletem o despertar para o dinamismo inerente às manifestações culturais: Convenção sobre a Proteção do Patrimônio Mundial Cultural e Natural, Recomendação sobre a Salvaguarda da Cultura Tradicional e Popular, ambas aprovadas pela UNESCO respectivamente em 1972 e 1989, Convenção de

Diversidade Biológica, assinada durante a ECO 92, Declaração Universal sobre a Diversidade Cultural, de 2001, e Convenção para a Salvaguarda do Patrimônio Cultural Imaterial, de 2003, todas elas são importantes na contextualização acerca da nova concepção de patrimônio cultural. (Souza, 2005, p. 7)

Elaborada dentro desse contexto, a Constituição Brasileira de 1988 (Brasil, 1988) pautou-se na proteção do patrimônio cultural sob a ótica do seu conceito antropológico e da Declaração Universal de Direitos do Homem de 1948. Em seus art. 215 e 216, a Carta Magna reserva um capítulo à cultura, reconhecendo o patrimônio sob o aspecto material e imaterial. Podemos entender o conceito de *patrimônio cultural imaterial* como o relativo às manifestações decorrentes da interação social, os modos de fazer, viver e recriar, a língua, a dança e os costumes, entre outros. Os mencionados dispositivos preveem também formas de proteção e resguardo do patrimônio cultural dos grupos formadores da nação.

Falemos um pouco dessa formação. O povo brasileiro tem origem principalmente nos índios, europeus e africanos, e, além disso, também é uma civilização que ultrapassa a chamada "descoberta" portuguesa, já que podemos encontrar vestígios de presença humana datadas de 100 mil anos. Há ainda sinais de ocupação civilizatória em territórios de norte a sul do país, passando por ruínas encontradas no Amazonas até sambaquis no litoral do Estado de São Paulo. Desse modo, podemos perceber uma conexão clara entre o patrimônio cultural e natural brasileiro e o papel das comunidades locais.

Darcy Ribeiro, quando analisa a formação do povo brasileiro e o cotidiano do qual esse povo é formado, destaca:

surgimos da confluência do entrechoque e do caldeamento do invasor português, com índios silvícolas e campineiros e com negros africanos, uns e outros aliciados como escravos. Nessa confluência, que se dá sob a regência dos portugueses, matrizes raciais díspares, tradições culturais distintas, formações sociais defasadas se enfrentam e se fundem para dar lugar a um povo novo num novo modelo de estruturação societária. (Ribeiro, 1995, p. 19)

Pensando em função da era cronológica da formação do povo brasileiro e em número de habitantes, vamos encontrar, no primeiro recenseamento do Brasil em 1873, cerca de 10 milhões de habitantes. Hoje, apenas 142 anos depois, temos uma população 20 vezes maior, com aproximadamente 200 milhões de pessoas. Na Tabela 7.1, é possível perceber essa evolução.

Tabela 7.1 – Brasil: recenseamentos

Brasil – Recenseamentos	
Ano	População
1872	9.930.478
1890	14.333.915
1900	17.438.434
1920	30.635.605
1940	41.236.315
1950	51.944.397
1960	70.070.457
1970	93.139.037
1980	119.011.706
1991	146.825.475

(continua)

(Tabela 7.1 – conclusão)

Brasil – Recenseamentos	
Ano	População
2000	169.799.170
2010	190.732.694

Fonte: Adaptado de IBGE, 2010b; 2014a; 2015.

O povo brasileiro realmente é novo, tanto numérica quanto socialmente. Os traços das etnias que o formaram são recentes. Esse vertiginoso crescimento que se deu a partir do início do século XX, fortemente ancorado no sincretismo e na miscigenação do século XIX, forma um povo novo. Ainda segundo Darcy Ribeiro (1995, p. 19):

> Novo porque surge como uma etnia nacional, diferenciada culturalmente de suas matrizes formadoras, fortemente mestiçada, dinamizada por uma cultura sincrética e singularizada pela redefinição de traços culturais delas oriundos. Também novo porque se vê a si mesmo e é visto como uma gente nova, um novo gênero humano diferente de quantos existam. Povo novo, porque é um novo modelo de estruturação societária, que inaugura uma forma singular de organização socioeconômica, fundada num tipo renovado de escravismo e numa servidão continuada ao mercado mundial. Novo, inclusive, pela inverossímil alegria e espantosa vontade de felicidade, num povo tão sacrificado, que alenta e comove a todos os brasileiros.

Essa conformação poderia ter gerado uma sociedade multiétnica, fragmentada e dividida pela oposição de componentes diferenciados e impossíveis de miscigenação. Ocorre que o Brasil não se dividiu em minorias raciais, culturais ou regionais, vinculadas a lealdades étnicas próprias e conflitantes perante a nação. Esse amálgama, apesar de criar uma nova etnia, não desfaz a diversidade nacional, obtida principalmente por três fatores: o ecológico, dadas a diversidade ambiental distinta que criou paisagens humanas diversas e a adaptabilidade desse novo povo; o econômico, que criou formas diferenciadas de modos de produção, com suas diversas formas de organização social; e, por fim, o migratório, que ajudou a completar essa miscigenação, especialmente com a presença de europeus, japoneses e árabes.

Com os modos diversos de ser dos brasileiros, há uma distinção que pode ser notada hoje, como sertajenos do Nordeste, caboclos da Amazônia, crioulos do litoral, caipiras do Sudeste e Centro-Oeste, gaúchos das campanhas sulistas, além de ítalo-brasileiros, germano-brasileiros, nipo-brasileiros, entre outras tantas miscigenações. Todos esses grupos são muito mais marcados pelo que têm em comum como brasileiros do que pelas diferenças resultantes de adaptações regionais ou funcionais, ou de miscigenação e aculturação que emprestam fisionomia própria a uma ou outra parcela da população, como podemos nitidamente observar nos Estados Unidos. Nesse país da América do Norte, percebemos a divisão étnico-cultural até mesmo nas cadeias, em que as gangues são divididas em etnias, como arianos, negros, mexicanos e daí por diante, ou, ainda pior, na África do Sul, onde os negros foram expropriados de sua terra e apartados literalmente.

Darcy Ribeiro nos explica sobre o porquê dessa diferença, dessa dicotomia. De acordo com nosso antropólogo maior, dois estilos de colonização foram postos em prática nos hemisférios Norte e Sul do Novo Mundo.

> Lá, o gótico altivo de frias gentes nórdicas, transladado em famílias inteiras para compor a paisagem de que vinham sendo excluídos pela nova agricultura, como excedentes de mão de obra. Para eles, o índio era um detalhe, sujando a paisagem que, para se europeizar, devia se ver livre deles. Que fossem viver onde quisessem, livres de ser diferentes, mas longe, se possível para outro além-mar, Pacífico adentro... Cá, o barroco das gentes ibéricas, mestiçadas, que se mesclavam com os índios, não lhes reconhecendo direitos que não fosse o de se multiplicarem em mais braços, postos a seu serviço. Ao *apartheid* dos nórdicos, opunham o assimilacionismo dos caldeadores. (Ribeiro, 1995, p. 69)

De certa forma, houve grande resiliência do povo brasileiro em seu cotidiano. Esse contexto sincrético gerou forte influência no que diz respeito ao patrimônio imaterial brasileiro, já que cada um desses modos de ser absorveu a espiritualidade original de seus ancestrais, misturando à preponderante religião cristã uma grande gama de rituais, símbolos, peças de adoração e festas, que compõem um mosaico gigantesco de demonstrações culturais que interagem e protegem os patrimônios da humanidade do Brasil. Nesse contexto, destacaremos neste capítulo e no próximo dois fatores fundamentais para o componente patrimonial: o cotidiano e as festas. Comentaremos sobre o cotidiano, com sua cultura marcada pelo dia a dia, em uma terra nova e inóspita, cheia de obstáculos e dificuldades. Falaremos sobre como as pessoas vivem e quais suas ferramentas, sua alimentação e seus instrumentos de trabalho e vida. Ressaltaremos como o patrimônio formado pelas festas – marcadas pelo divino, pelo sagrado e também pelo profano –, que são um elemento importantíssimo de representação desse cotidiano no Brasil, pode ser utilizado como fonte de turismo cultural e patrimonial no país.

7.2 As comunidades locais, suas ferramentas e seus modos de vida

Quando pensamos em comunidades locais, suas ferramentas e seus modos de vida – na perspectiva proposta neste livro de percebermos o patrimônio brasileiro como um bem da humanidade –, nos deparamos até agora com uma etnografia da cultura brasileira transformada com base em sua natureza e no contato do homem brasileiro em suas mais variadas dimensões. Podemos dividir alguns tipos de habitantes dentro do território brasileiro, que formaram maiorias etnográficas dentro da miscigenação entre índios brancos e negros. Desse ponto de partida, vemos que há uma variedade imensa de comunidades nos entornos do que chamamos de *patrimônio da humanidade*, que se adaptaram e moldaram uma forma de vida na qual matérias-primas, ferramentas, equipamentos e meios de tração fazem parte do cotidiano.

Essas adaptações vão dar um grande peso ao processo de imigração ocorrido no Brasil em fins do século XIX e início do século XX. Por ter sido um fenômeno que se estabeleceu principalmente no campo, com a ocupação agrícola de regiões interioranas – assim ocorreu com italianos em São Paulo e no Rio Grande do Sul e com os alemães em Santa Catarina e Rio Grande do Sul –, fez com que os costumes, que vieram com seus ancestrais, estejam presentes até hoje nos mais diversos rincões brasileiros. O fato de a imigração ter ocorrido no interior aumenta o peso dela na ocupação do país. Basta compararmos a imigração no Brasil com a ocorrida na Argentina ou nos Estados

Unidos: 16%, 54%, 36%, respectivamente, era de população estrangeira, ou seja, que não deu origem ao país, nem era nativa, nem escrava. Apesar disso, a taxa de natalidade dos imigrantes que vieram para cá foi praticamente o dobro da apresentada na Argentina e nos Estados Unidos, fato que aumenta consideravelmente a importância da imigração para a taxa de natalidade empreendida durante todo o século XX.

A seguir, faremos uma análise das cinco regiões brasileiras, enumerando as predominâncias da colonização e a ligação com esses itens enumerados. Veremos como as comunidades locais forjaram, literalmente a ferro e fogo, o que hoje temos como patrimônio da humanidade.

7.2.1 Norte

Na Região Norte, temos como patrimônio da humanidade a Reserva do Complexo Amazônico. Em ambos os patrimônios, um cultural e outro natural, há forte componente indígena em virtude da aproximação com a floresta e com os rios. As comunidades preponderantes são compostas por caboclos amazônicos, com predomínio de índios miscigenados sobre negros e brancos. As matérias-primas alimentícias são sempre ligadas a vegetais (como milho, abóbora ou mandioca) e à proteína animal, em sua maioria oriunda de peixes ou de animais silvestres. O principal modo de transporte sempre foram barcos e navios, e o centro histórico de São Luís tornou-se o que é hoje em razão do lastro, composto de azulejos, necessário aos navios que vinham da Europa. Como o local era muito úmido e Portugal se constituía como grande produtor de azulejos, existe ampla gama deles nas residências, solários e casas do centro histórico maranhance.

Também no Amazonas, os barcos e navios fizeram história. Por serem o único meio de transporte no Alto Amazonas, à época do auge da borracha, levavam diversas matérias-primas que fazem hoje de Manaus um patrimônio não apenas natural, mas também cultural, com seu teatro e suas adjacências, trazendo a opulência dos tempos áureos da borracha chamada de *ouro negro*. A substituição da borracha vegetal pela sintética provocou a decadência no território manauara, mas a preservação do patrimônio natural e cultural é obra de sua comunidade.

7.2.2 Nordeste

Na Região Nordeste, contamos com patrimônios tanto culturais quanto naturais. Entre os culturais incluem-se Olinda (PE), São Cristóvão (SE) e Salvador (BA). Por sua vez, o Parque Nacional da Serra da Capivara (PI), com seus sítios paleológicos, as ilhas do Atlântico (Atol das Rocas e Fernando de Noronha) e a Costa do Descobrimento, na Bahia, compõem a lista dos patrimônios naturais. Esses locais têm como característica a forte presença negra, já que os portos de Recife e Salvador foram destino de milhares de africanos trazidos por navios negreiros – durante mais de 200 anos, entre os séculos XVII e XIX, o tráfico de negros foi intenso na área. Há ainda reminiscências indígenas, mas com menor influência do que na Região Norte do país. Como consequência, há enorme presença negra no litoral; já no interior, predomina a presença indígena.

Também se encontra a figura típica dos caiçaras, descendentes de índios miscigenados com negros ou brancos e que se estabeleceram em zonas rurais. Já nas áreas urbanas, a presença negra é significativa, principalmente a partir do século XIX, em razão do crescimento das cidades e da necessidade de mão de obra. Com a libertação dos escravos, no final do século XIX, as cidades foram centros nos quais os negros se estabeleceram, geralmente em uma área-satélite em relação à elite local, o que explica o surgimento de locais ocupados tipicamente por negros, como os terreiros de Candomblé, em Salvador, ou os Maracatus, no Recife, que circundavam esses centros urbanos. A comida da região em sua maioria era composta por peixes, frutos do mar, além de coco e de frutas típicas da região, como o caju. Já existe significativa organização do trabalho, advinda do processo de escravidão, e implementação de agricultura no interior e em locais industriais e de serviços em centros urbanos.

7.2.3 Centro-Oeste

Além de Brasília, a capital brasileira e patrimônio da humanidade, o Centro-Oeste abriga mais um patrimônio natural, a cidade de Goiás Velho. No âmbito do patrimônio natural, conta com a região do cerrado, com o Parque dos Veadeiros e o Parque das Emas e o complexo ecológico do Pantanal. Todo esse arsenal natural fez com que a região tivesse um cotidiano moldado pela forte integração entre homem e natureza, com a presença do homem pantaneiro, do caboclo do Centro-Oeste e do caipira do interior de Goiás e do Mato Grosso. Dessa forma, a presença do cavalo e do boi sempre compôs o cotidiano do povo, além de todos os equipamentos e objetos que integram o dia a dia de quem cuida do gado e da pastagem.

7.2.4 Sudeste

Os minérios do Estado de Minas Gerais foram elementos fundamentais para a criação três patrimônios da humanidade: as cidades históricas de **Ouro Preto, Diamantina e Congonhas do Campo** (com o Santuário de Bom Jesus de Matosinhos e as obras de Aleijadinho). Também são incluídas como patrimônio cultural as **paisagens do Rio de Janeiro**. Quanto aos patrimônios naturais, a **Mata Atlântica** tem no sudeste brasileiro a última fronteira preservada. O sul do Estado de São Paulo e o norte do Paraná fazem da região da **Jureia e do Vale do Ribeira** uma joia rara na região mais densamente povoada do país. A busca por novas terras, por ocupação e pelo desenvolvimento criou uma cultura voltada para a urbanidade. Essa dinâmica não exclui o forte componente interiorano encontrado, como no interior do Estado de São Paulo, por exemplo, onde a presença do caipira é muito marcante. Também vamos encontrar em Minas Gerais uma significativa presença negra, muito importante na religiosidade e nas irmandades, que influenciaram as comemorações e as festas, como veremos no próximo capítulo. Os imigrantes também não ficam de fora na região: seja com portugueses no Rio de Janeiro, seja com italianos ou japoneses em São Paulo, vemos uma série de costumes trazidos por eles e que estão presentes em diversas expressões do cotidiano – o macarrão em São Paulo ou o bacalhau no Rio são exemplos no segmento culinário. Identificamos também forte influência caiçara nos litorais paulista e carioca.

7.2.5 Sul

No Sul, temos o conjunto das Missões. Além disso, o grande conglomerado formado pela Usina de Itaipu e pelas Cataratas do Rio Iguaçu se constitui em um patrimônio natural dos mais importantes do mundo. A região foi colonizada principalmente por europeus – entre os quais predominam germânicos, italianos e poloneses – e também vivem nela muitos descendentes de índios, notadamente nas áreas próximas dos países latinos, como Paraguai e Argentina. Vamos encontrar uma tradição dos pampas, com o gado, os cavalos e as tralhas que fazem do sul um local propício para a criação de bois, dadas as grandes extensões de planícies. O chimarrão, que utiliza a erva-mate como matéria-prima, representa algo que tem de ser lembrado, levando-se em conta a importância da erva para a cultura local. O churrasco é o prato local preferido, daí ser tombado como patrimônio imaterial do Brasil.

Síntese

Neste capítulo, demonstramos como o meio ambiente influencia o ser humano e o modo como ele cria suas ferramentas com base no seu cotidiano. A vivência com seu hábitat levou à construção de ambientes que hoje fazem parte da paisagem do Brasil. Essa interação entre homem e natureza foi o principal conceito deste capítulo.

Questões para revisão

1. A Unesco definiu, na Convenção para Salvaguarda do Patrimônio Cultural Imaterial, aprovada em 2003 (Unesco, 2003), o conceito de *patrimônio cultural imaterial* como:
   a. o conjunto de práticas, representações, expressões, conhecimentos e técnicas – junto com os instrumentos, objetos, artefatos e lugares que lhes são associados – que as comunidades, os grupos e, em alguns casos, os indivíduos reconhecem como parte integrante de seu patrimônio cultural.
   b. as obras de engenharia com importância para melhoria do trânsito das cidades históricas, em que os indivíduos sejam melhor atendidos pelos meios de transporte alternativos.
   c. o conjunto de práticas, representações, expressões, conhecimentos e técnicas utilizadas pelas comunidades isoladas e em extinção.
   d. Nenhuma das alternativas anteriores está correta.

2. De acordo com Darcy Ribeiro (1995, p. 19):

   > surgimos da confluência do entrechoque e do caldeamento do invasor português, com índios silvícolas e campineiros e com negros africanos, uns e outros aliciados como escravos. Nessa confluência, que se dá sob a regência dos portugueses, matrizes raciais díspares, tradições culturais distintas, formações sociais defasadas se enfrentam e se fundem para dar lugar a um povo novo num novo modelo de estruturação societária.

Novo povo porque:

a. surge como uma etnia nacional, diferenciada culturalmente de suas matrizes formadoras, fortemente mestiçada, dinamizada por uma cultura sincrética e singularizada pela redefinição de traços culturais delas oriundos.
b. surge da mistura de negros com portugueses que viveram no Brasil durante os primeiros anos do descobrimento.
c. surge como uma etnia claramente europeia, em que os índios e os negros pouco contribuíram para a formação do povo brasileiro.
d. surge como uma etnia nacional, mas com clara influência africana, dinamizada por uma cultura sincrética.

3. De acordo com o texto, qual alternativa é a correta?
a. O Brasil teve colonizadores alemães e italianos, enquanto os Estados Unidos foram colonizados por portugueses e espanhóis.
b. No Brasil, os colonizadores foram portugueses, enquanto nos Estados Unidos os colonizadores foram os nórdicos, em sua esmagadora maioria ingleses.
c. Nos Estados Unidos, os colonizadores viam os índios como um peso a ser carregado, devendo ser isolado ou exterminado. Já no Brasil, os colonizadores queriam a multiplicação dos índios e negros para que fossem usados como mão de obra.
d. As questões b e c estão corretas.
e. As questões a e b estão corretas.

4. Quais foram os povos predominantes na colonização das regiões Sul e Norte do Brasil? Quais são as principais diferenças desses grupos?

5. Quais as principais diferenças entre a colonização nos Estados Unidos e a realizada no Brasil?

Questão para reflexão

O Edital de Apoio à Produção de Documentários Etnográficos sobre o Patrimônio Cultural Imaterial Brasileiro (Etnodoc) foi criado a partir de um grupo de trabalho composto por especialistas do Centro Nacional de Folclore e Cultura Popular e do Departamento de Patrimônio Imaterial do Instituto do Patrimônio Histórico e Artístico Nacional (Iphan). Destina-se a apoiar 15 projetos inéditos de documentários etnográficos de média duração e, ao longo dos anos, vem selecionando e premiando aqueles voltados ao patrimônio cultural imaterial brasileiro, para exibição em redes públicas de TV. O Iphan busca, com o projeto, somar esforços e ampliar as ações direcionadas à valorização e à promoção dessa dimensão do patrimônio cultural, assim como estimular iniciativas que resultem na melhoria das condições de transmissão, produção e reprodução dos bens culturais que compõem esse universo.

Na edição de 2009, foi produzido o documentário *Eu tenho a palavra*, que aborda:

Uma viagem linguística em busca das origens africanas da cultura brasileira. O antigo reino do Congo foi a origem da maioria dos africanos escravizados no Brasil, que, no cativeiro, criaram diversos dialetos para que pudessem se comunicar livremente. A "língua do negro da Costa" é um desses dialetos, ainda preservado na comunidade remanescente de quilombo de Tabatinga (Bom Despacho, MG). O idioma é composto por um português rural do Brasil-Colônia e línguas do grupo banto, com predomínio do quimbundo e mbundo, faladas até hoje em Angola. Dois personagens – um falante da "língua do negro da Costa" e outro falante de quimbundo e mbundo – são os guias nessa viagem transoceânica de reconhecimento. (Eu tenho..., 2010)

Após assistir ao documentário, cujo *link* de acesso está indicado a seguir, descreva a importância da linguagem como patrimônio cultural e a sua relação com a preservação da cultura e identidade da comunidade de quilombo de Tabatinga.

EU TENHO a palavra. Direção: Lilian Solá Santiago. Brasil: 2010. Disponível em: <http://etnodoc.org.br/indexe33f.html?option=com_content&view=article&id=41%3Aeu-tenho-a-palavra&catid=7%3Afilmes2009&Itemid=41>. Acesso em: 19 dez. 2014.

PARA SABER MAIS

Veja outros documentários a respeito de patrimônios imateriais brasileiros no *link* a seguir:

ETNODOC. Disponível em: <http://etnodoc.org.br>. Acesso em: 19 dez. 2014.

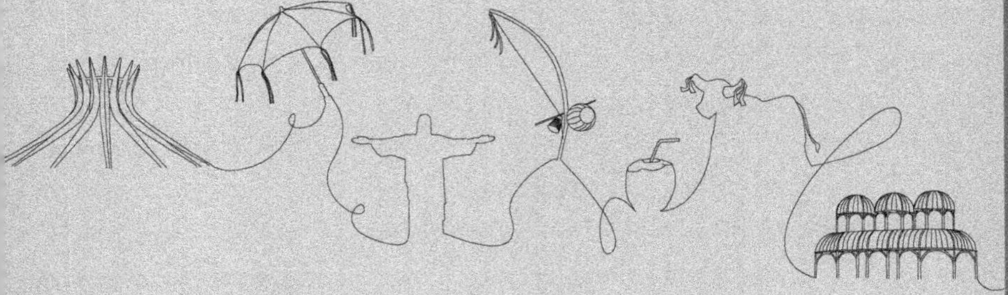

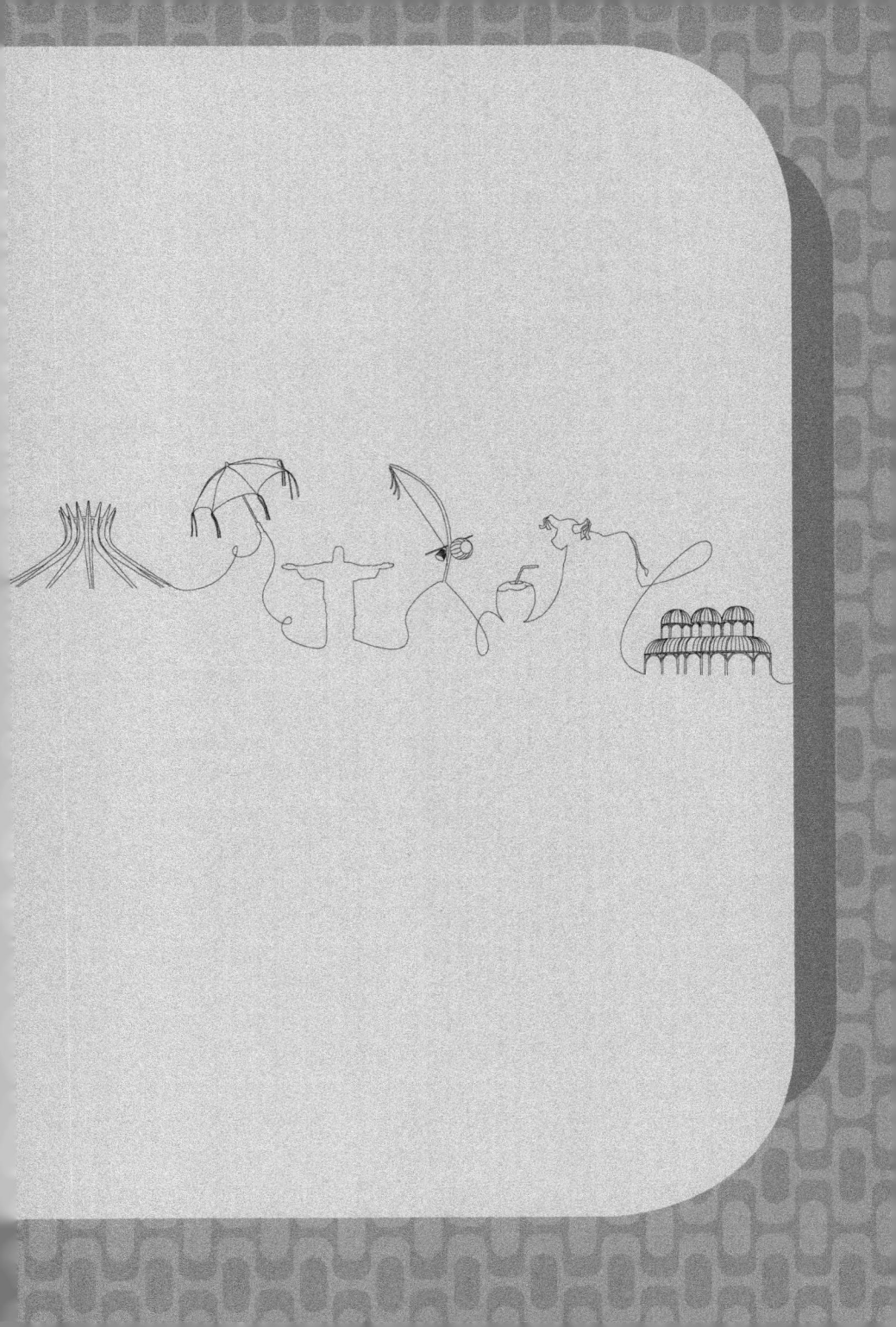

AS CULTURAS REGIONAIS NO BRASIL COMO ATRATIVOS TURÍSTICOS

CAPÍTULO 8

CONTEÚDOS DO CAPÍTULO

- As culturas regionais como atrativos turísticos com base nas várias festas que compõem o calendário do país.
- Os principais eventos do Brasil e o modo como se encaixam nas diversas culturas regionais.
- Festas principais do turismo regional, sua importância e necessidade de maior divulgação nacional e internacional eventos.

APÓS O ESTUDO DESTE CAPÍTULO, VOCÊ SERÁ CAPAZ DE:

1. entender como as culturas regionais influenciam o fluxo turístico dos estados e municípios;
2. compreender como funcionam as comemorações, as festas e os eventos das regiões brasileiras e os grupos que fazem parte delas.

8.1 As culturas regionais, as festas e a influência no patrimônio brasileiro

A partir deste ponto do texto, falaremos sobre as festas existentes no Brasil e que complementam o cotidiano como forma de expressão de comemorações, experiências e vivências que culminam numa cerimônia ou festejo, seja ele religioso, pagão, de homenagem, de protesto, de profanação ou de luto. Há diversas formas de manifestação que se dão por meio delas. Quando pensamos em eventos dessa natureza, estamos diante de um ato de organização social para determinado fim que merece ser lembrado como um fato importante. Seja ele qual for, há sempre um objetivo específico. Nem todo evento é uma festa, mas uma festa é um dos tipos mais corriqueiros de evento. Sempre que pensamos em uma reunião, diversas demandas nos surgem imediatamente. Qual será o público-alvo, quem deverá participar, quais as formas de divulgação, como chamar as pessoas, quais as formas de financiamento etc. Todos esses detalhes fazem parte da preparação e realização de uma festa.

Veremos a seguir diversos exemplos existentes de festividades nas cinco regiões do Brasil.

8.2.1 Norte

Na Região Norte, como vimos no Capítulo 7, temos como patrimônio da humanidade a Reserva do Complexo Amazônico. Na Amazônia, há forte influência das tradições indígenas – a dança do boi-bumbá é o maior destaque. Em São Luís, temos outro evento considerado o mais importante: o bumba-meu-boi, que ocorre durante os festejos juninos.

No Amazonas, o Festival Folclórico de Parintins, que ocorre no fim de junho, é uma das maiores festas e que tem como principais atrações os dois bois-bumbá (o Caprichoso, na cor azul, e o Garantido, na cor vermelha), que disputam entre si para provar qual é o mais bonito e forte. Durante as apresentações são cantadas as chamadas *toadas*, que falam sobre cultura, lendas, mitos e costumes amazonenses, e declaram o amor pelo boi. São encenados rituais indígenas, como a transformação da cunhã-poranga (índia guerreira) em algum animal (onça, por exemplo), culminando no momento em que o boi se fere gravemente e o pajé realiza um ritual de cura, restabelecendo o animal.

No Maranhão, damos foco às festas que ocorrem em São Luís, lembrando que diversas delas se repetem por todo o interior do estado. A capital acolhe grande variedade de festejos, entre os quais destaca-se o Cordão de Reis, ou Reisado, realizado na véspera de Dia de Reis, 6 de janeiro, e que retrata a visita dos três reis magos ao Menino Jesus. Alguns grupos dispõem de dois reis e duas rainhas e acrescentam outros personagens, como anjos, lua e estrela, acompanhados de uma pequena orquestra de saxofone, banjo e tarol[1].

8.2.2 Nordeste

Na região Nordeste, dois eventos se destacam claramente: o Carnaval, em fevereiro, e as festas juninas, em junho.

---

[1] "Pequena caixa-clara que se percute com duas baquetas" (Houaiss, 2009).

O Carnaval tem em Olinda e em Salvador os maiores representantes, cada um a seu modo, e que levam milhões de foliões às ruas. Em Olinda, com suas centenas de blocos de rua, podemos ver a maior variedade de ritmos e danças do Brasil. O frevo, o maracatu, o samba, o caboclinho, todos com uma participação popular impressionante, juntam milhares de pessoas ao som dos instrumentos de sopro e tambores. Essa confluência de ritmos é originária da miscigenação entre as três raças formadoras do Brasil: os negros influenciaram com seu batuque; os índios levaram a dança, as penas, os apetrechos de enfeite, elementos multicoloridos que impressionam; e os europeus trouxeram o sopro e a marcha, tradicional no frevo marcante do carnaval pernambucano.

O maior bloco de rua do mundo, o Galo da Madrugada, está presente no *Guinness Book*. Ele sai às ruas no sábado pela manhã e se estende por todo o dia no Recife Antigo. Todo ano há um homenageado, que vira tema de todos os carros, trios elétricos e troças que desfilam no local. Os barcos e as lanchas invadem a enseada e os canais da cidade, completando a paisagem feita de pontes, apinhadas de pessoas, e com a maior estátua de galo do mundo, com cerca de 15 m de altura, que atravessa os canais em direção ao Marco Zero. Os bonecos gigantes estão todos os dias presentes nas ladeiras de Olinda, saindo por todos os bairros e reunião milhares de pessoas, principalmente ao som do frevo, que é um patrimônio imaterial tombado. São bonecos já muito antigos, como o Homem da Meia-Noite, e outros feitos em homenagem a novas pessoas.

Já em Salvador, temos os trios elétricos que, inventados por Dodô e Osmar – que saíam em uma ximbica[2] com os sons da guitarra e da bateria pelas ruas da cidade –, são hoje a maior expressão da potência da festa popular que é o Carnaval no Brasil. O axé, que carrega a marca das festas negras, tem presença garantida nos desfiles, além de um grande número de grupos de afoxé, representantes da raiz negra. A presença da tradição indígena é menor do que em Recife.

Por sua vez, as festas juninas têm presença em todos os estados do Nordeste, mas na divisa de Pernambuco e Paraíba alcançam o ápice, com a disputa de qual é o maior São João do mundo (o de Campina Grande ou de Caruaru). Podemos dizer que essas duas cidades promovem um dos maiores movimentos festeiros do Brasil, já que, diferentemente do Carnaval, que dura apenas uma semana, o evento de São João dura o mês inteiro – às vezes até 45 dias, começando em maio e se estendendo até julho. As quadrilhas fazem a festa, e o forró é o som oficial que embala multidões. Os trios de sanfona, zabumba e triângulo são presença obrigatória em qualquer festa de São João, São Pedro ou Santo Antônio. Derivados de milho são a comida oficial dos festejos.

8.2.3 Centro-Oeste

No Centro-Oeste, a domação do gado se tornou uma das maiores festas do Brasil e virou modelo para um negócio que gera milhões de reais de rendimento. Foi na divisa do Sudeste e do Centro-Oeste, na cidade de Barretos e outras próximas, que

[2] "Carro velho; calhambeque" (Houaiss, 2009).

tiveram início as festas de peão, e a doma do gado representou o princípio de um esporte praticado em todo o Brasil, mas principalmente nessas regiões. Em toda festa do peão, a música caipira (ou atualmente chamada de *sertaneja*) está presente, com duplas que têm na viola a base de sua interpretação. Na atualidade, cantores são acompanhados por verdadeiras orquestras, com centenas de pessoas envolvidas, gerando um grande fluxo de capital. Essa forte presença das massas, com rodeios e *shows* que atraem até 50 mil pessoas, foi disseminada em todo o Brasil. Observe se em sua região há uma festa de peão de boiadeiro. Provavelmente haverá não apenas uma, mas várias desse gênero. Mas a base para essa cultura popular vem do dia a dia dos peões e das duplas de violeiros que sempre fizeram sucesso no interior brasileiro.

8.2.4 Sudeste

O Sudeste tem na verdade os três tipos de festa de que falamos anteriormente, mas com características um pouco diversas. Com exceção das festas de peão de boiadeiro, que são muito parecidas tanto no Centro-Oeste quanto no Sudeste, o Carnaval do Rio de Janeiro, gigantesco, é bem diferente daquele que ocorre no Nordeste. A Cidade Maravilhosa tem no samba o gênero musical supremo, e as escolas de samba é que dão o tom da festa. São dois dias de desfile no Sambódromo, projetado pelo arquiteto Oscar Niemeyer, por solicitação de Leonel Brizola e Darcy Ribeiro, que, na época da construção, eram governador e vice-governador do Estado do Rio de Janeiro. Podemos dizer que essa foi uma das dezenas de contribuições do antropólogo para a cultura nacional. Com a criação do Sambódromo, o Carnaval tomou outra proporção, transformando-se num dos maiores espetáculos periódicos do planeta. Durante dois dias (domingo e segunda-feira), seis escolas desfilam por noite, e cada uma delas leva entre 3 e 5 mil pessoas para a avenida, defendendo seu samba, seu enredo e suas cores. São Paulo, de certa forma, copiou esse tipo de carnaval e também criou um sambódromo. São sete escolas por noite (sexta-feira e sábado), já que são menores do que as cariocas. No Rio de Janeiro, o evento é levado muito a sério, principalmente na questão ligada ao turismo e à geração de recursos para as escolas. Há até a Cidade do Samba, com galpões onde as escolas desenvolvem os enredos durante todo o ano e nos quais os turistas fazem passeios guiados. Também blocos de rua fazem a festa, mas com ritmos diferentes daqueles vistos no Nordeste, com preponderância das marchinhas e dos sambas como tradição. Esse tipo de carnaval, muito popular na primeira metade do século XX, está crescendo vertiginosamente nos dias atuais. Centenas de blocos têm tomado as ruas de bairros como Laranjeiras e Leblon, além de Copacabana e Ipanema, que já são tradicionais nesse formato. Milhares de pessoas aproveitam esse carnaval gratuito.

8.2.5 Sul

A grande presença de imigrantes na Região Sul faz com que uma das maiores festas seja de origem totalmente europeia, mais especificamente alemã: a Oktoberfest. Seu ápice acontece em Blumenau, onde predominou a forte colonização da Alemanha.

Milhares de pessoas vão durante todo o mês de outubro para essa cidade tipicamente germânica, com casas, moradores, comidas e costumes da Europa. Esse tipo de festa tem se popularizado pelo Brasil – existe até uma semelhante em Nova Lima (Minas Gerais), que curiosamente recebeu o nome de "Uaiktoberfest". Tal evento está muito ligado à cerveja, que hoje é a bebida mais consumida no Brasil. Além disso, há grande expansão na criação de marcas artesanais de cervejas, que contam com um mercado cada vez maior. Essa dinâmica promove um desenvolvimento local significativo nas cidades que se dedicam à produção da cerveja artesanal ou *gourmet*, como se costuma chamar esse tipo de produto (em Nova Lima, já são cerca de 20 produtores).

Outro evento que merece atenção são as grandes feiras agropecuárias, que têm expressão nacional, como as de Esteio e de Alegrete. São uma tradição sulista, com a doma de cavalos, disputas de tambores e de laço de novilhos, que foram incorporadas durante os últimos séculos ao cotidiano da região dos pampas, como vimos anteriormente. Todas essas atividades vêm acompanhadas de um ritmo musical típico: embalado pela gaita gaúcha, uma espécie de sanfona, e pelo tambor andino, ele traz em suas melodias e letras a saudade e a fidelidade à vida campesina e ligada à terra. São centenas de festas que têm esse padrão de eventos em sua essência. Como exemplo, podemos citar o Movimento Tradicionalista Gaúcho (MTG), que resgata a tradição gaúcha por meio dos Centros de Tradição Gaúcha (CTGs), que estão disseminados em todo o Brasil. Nesses centros, são organizadas festas periódicas nas quais gaúchos que moram em determinada reunião promovem encontros com todas as características descritas anteriormente.

Síntese

Neste capítulo, vimos as diversas formas de festas regionais nas cinco regiões do Brasil e demonstramos como os patrimônios da humanidade estão inseridos nesse contexto de festas, além de apresentarmos as marcas da cultura brasileira nele.

Questões para revisão

1. O Sudeste tem os três tipos de festa que abordamos neste capítulo, ainda que com características um pouco diversas. Entre as alternativas a seguir, marque aquela que não é típica dessa região:
   a. Festa de peão de boiadeiro.
   b. Carnaval.
   c. Festa junina.
   d. Bumba-meu-boi.

2. O bumba-meu-boi é a festa mais importante de uma região do Brasil. Os brancos trouxeram o enredo da festa; os negros, escravos, acrescentaram o ritmo e os tambores; os índios, antigos habitantes, emprestaram suas danças. É no festejo junino que reina majestoso o bumba-meu-boi. Assinale a que Estado tal festa está relacionada:
   a. São Paulo.
   b. Rio Grande do Sul.
   c. Maranhão.
   d. Rio Grande do Norte.

3. Como regra geral, as festas populares devem ser preparadas, custeadas, planejadas, organizadas e montadas segundo normas peculiares a cada comunidade e que correspondem a um conjunto de atividades mais ou menos tradicionais, ritualísticas e formalizadas, com uma ideologia que comporta um conjunto de símbolos, valores e crenças que são repetidos. De acordo com essa afirmação:
    a. Uma festa popular representa uma comemoração regional, de cunho local.
    b. As comunidades planejam, organizam e montam as festas de acordo com peculiaridades próprias.
    c. As festas são um conjunto de atividades tradicionais, que contêm símbolos, valores e crenças que são sempre repetidos.
    d. Todas as alternativas estão corretas.

4. O registro de bens imateriais é o mesmo que tombamento? Justifique sua resposta.

5. Descreva quais são as festas típicas que acontecem em sua região.

Questão para reflexão

Além de servirem como sistema de contagem do tempo, agrupando dias em meses, os calendários visam também atender, principalmente, às necessidades civis e religiosas de uma cultura. Suponhamos que um amigo seu, estrangeiro, venha passar um ano no Brasil, no sistema de intercâmbio, fique em sua residência e lhe ofereça como presente uma viagem por mês para uma grande festa popular brasileira. Todavia, sabendo do seu potencial como turismólogo, solicita, para que você ganhe o presente, a elaboração de um calendário de eventos que ocorrem no Brasil.

Dessa maneira, **produza um calendário de eventos** reconhecidos notadamente como atrativos turísticos do país, selecionando uma festa popular que ocorre a cada mês, descrevendo, em um pequeno texto, o evento no qual conste nome e razão da festa, a data em que acontece, sua localidade e o tipo de experiência que o turista pode vivenciar do evento como patrimônio cultural brasileiro. Anexe a esse texto uma foto do evento para ilustrar mês a mês no calendário.

PARA SABER MAIS

Veja exemplos de calendários diversos em termos de festas culturais e folclóricas no Brasil nas indicações a seguir:

FUNDAÇÃO BIBLIOTECA NACIONAL. Catálogos: cronologia das festas populares brasileiras. Disponível em: <http://catalogos.bn.br/lc/port/festa_cronologia.html>. Acesso em: 19 dez. 2014.

HOLIDAY. Calendário anual de eventos. Disponível em: <http://www.holiday.com.br/eventos.html>. Acesso em: 19 dez. 2014.

MOCHILEIROS.COM. Festas brasileiras: viagem cultural. Disponível em: <http://www.mochileiros.com/festas-brasileiras-viagem-cultural-t67549.html>. Acesso em: 19 dez. 2014.

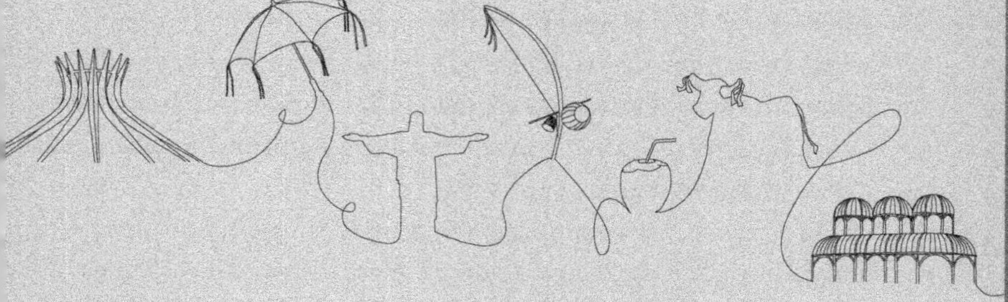

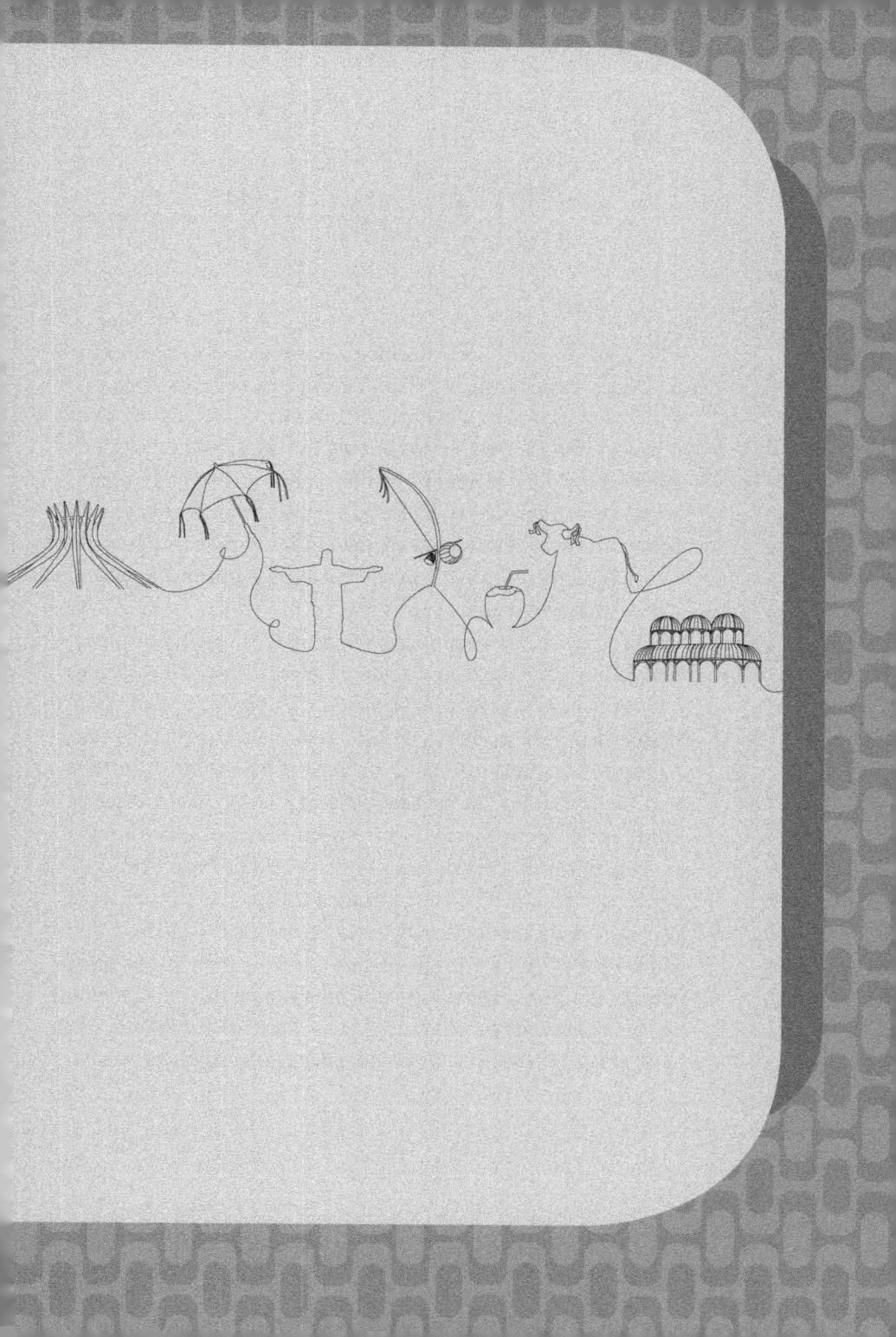

... PARA CONCLUIR... ...

Pelas páginas deste livro, fizemos uma verdadeira viagem à formação da nação brasileira, visitando lugares, espaços, territórios e mares que contam a história de um povo único na terra em uma terra única. De acordo com o que vimos, muito podemos aproveitar do patrimônio brasileiro para o desenvolvimento social, por intermédio do turismo, principalmente quando observamos o crescimento de demandas nacionais e internacionais interessadas em conhecer o legado cultural e natural das destinações no país.

O Brasil conta com quase 3% de todo o patrimônio mundial da humanidade reconhecido pela Organização das Nações Unidas para a Educação, a Ciência e a Cultura (Unesco). Além disso, dispõe de milhares de bens materiais e imateriais tombados por diversas instâncias nacionais. Esse caldo cultural e natural pode e deve ser utilizado pelo turismo, mas não apenas como meio de progresso. O patrimônio brasileiro construído nos últimos milhares de anos tem servido de base para o desenvolvimento de diversas comunidades que não tinham mais esperanças em manter sua história no presente. Cidades como Ouro Preto, Olinda, São Cristóvão e São Luís vivem um dilema eterno, em que o moderno confronta o passado diariamente, seja na questão da mobilidade, seja na questão de moradia, seja no âmbito do trabalho. O passado, por não ser mais produtivo, engenhoso, tecnológico, perde atratividade para os menos avisados, gerando uma sensação de abandono – ou atraso, melhor dizendo.

O turismo tem desempenhado importante papel no desenvolvimento sustentado desses lugares, mas devemos ter o máximo de cuidado para não transformá-lo em uma atividade capaz de acabar com culturas centenárias e, muitas vezes, milenares. Não devemos esquecer os abusos que ocorrem em grandes festas – pessoas depredando imóveis antigos, urinando em locais públicos, jogando lixo em todos os vãos e becos por onde passam. Essa sensação é vivida em cidades como Salvador e Rio de Janeiro, mas também em Diamantina, Tiradentes, Olinda ou Recife. Também há uma absurda popularização de locais tombados nos litorais e em florestas, como é o caso da massificação do turismo em locais paradisíacos como Fernando de Noronha, litoral sul da Bahia, e áreas do litoral de São Paulo que são preservadas mas ainda sofrem com a invasão e a especulação imobiliária, como São Sebastião, Caraguatatuba e Ubatuba, que fazem parte da reserva de Mata Atlântica, ou ainda Paraty, no litoral fluminense.

No entanto, devemos lembrar que o turismo também pode ser um fator preponderante para a preservação da natureza, como acontece no Pantanal e na Amazônia hoje, locais onde a visitação turística tem trazido recursos financeiros e a possibilidade da preservação da cultura e da fauna e flora. É contra os madeireiros e fazendeiros de gado que o turismo tem de se insurgir nos próximos anos. Essa demanda está clara quando o regime de chuvas no Brasil inteiro se desequilibra, certamente por culpa do desmatamento nessas regiões.

O turismo no Brasil ainda não chegou a sua maturidade. O turismo receptivo, com as dificuldades inerentes à falta de capacitação, educação e treinamento, tem provocado intenso debate entre os responsáveis pela elaboração de políticas públicas e pelo investimento privado nos mais importantes segmentos que nele atuam.

Problemas que vão desde a logística até o treinamento de pessoal capacitado para atender a turistas, passando pela educação do próprio viajante, não devem ser empecilhos para que as populações locais desanimem ou criem expectativas negativas quanto à utilização do turismo como ferramenta de preservação de sua cultura e de seu ambiente. Criar condições para que a educação patrimonial seja inserida nas salas de aula de todo o Brasil, atraindo para o tema novas gerações, também é fundamental para a preservação generalizada, sem deixar de alcançar a modernidade.

O papel de gestores, estudiosos e profissionais do turismo é sempre ter em mente que o equilíbrio entre homem e natureza se constitui no objetivo a ser alcançado. Temos claramente um bem maior a ser preservado, como citava Lula Côrtes (1949-2011), poeta e músico pernambucano. Um bem maior que deve ser deixado como legado para outras gerações, as quais têm o direito de viver em nosso planeta. Um bem maior que está acima do próprio planeta, que é o respeito por tudo que existe no Universo.

Com o turismo patrimonial, no qual o antigo é a força do novo, podemos desenvolver sustentavelmente locais que seriam postos abaixo pela modernidade. Povos que têm as tradições esquecidas, prédios que são demolidos, rios, florestas e animais que são extintos, tudo isso faz parte de um mundo que não tem futuro. E isso é algo que não podemos esquecer.

··ESTUDO DE CASO[1]··

Santana dos Montes é uma cidade localizada no Estado de Minas Gerais, distante 130 km da capital, Belo Horizonte. O antigo arraial do Morro do Chapéu originou-se no auge do ciclo do ouro, no início do século XVIII. Ao contrário da maioria das cidades ligadas a esse ciclo econômico, não foi a atividade mineradora que impulsionou o povoamento, mas sim a agricultura e a pecuária. As fartas águas do Alto Vale do Rio Piranga regavam terras férteis para a produção de alimentos que sustentavam a área de extração do ouro, com solos pobres.

Essa produção deu origem a um intenso tráfego de tropas, que tanto transportavam os gêneros alimentícios como traziam os bens necessários aos moradores da área.

A Estrada Real, em suas diversas ramificações, era o caminho usado pelos tropeiros para chegar às fazendas, que já na metade do século XVIII dominavam a paisagem. Com suas estruturas – além das casas-grandes e senzalas, também dispunham de terreiros, engenhos, moinhos, estruturas de pouso e armazéns –, recebiam viajantes e tropeiros que ali negociavam, alimentavam-se e se hospedavam.

Em consequência do sucesso da atividade rural, iniciou-se a ocupação urbana no Morro do Chapéu. Até hoje, a Igreja de

---

[1] Os dados históricos desta seção são baseados em Santana dos Montes (2015).

Santana, de 1749, e os casarões conservados e restaurados do belo Largo da Matriz são testemunhas desse passado colonial.

A decadência da produção aurífera repercutiu em toda a região, tornando estagnada o que chegou a ser uma área florescente. Resultado da mesma estagnação foi a conservação do patrimônio edificado, tanto na vila quanto nas numerosas sedes de fazendas que até hoje sobrevivem.

Em 1840, o povoado foi promovido a distrito de Conselheiro Lafaiete, mas a emancipação política de Santana dos Montes só ocorreu em 1962. Com 1,5 mil moradores urbanos, continua sendo uma pequena e hospitaleira vila de Minas, rodeada pelo mar de morros verdes que lhe dão o nome.

O estudo de caso em questão vem mostrar o processo de preservação do patrimônio histórico da pequena Santana dos Montes. Com 3.822 habitantes (dados de 2010), a cidade tem buscado novas formas de geração de renda além da agricultura e da pecuária. Para alcançar níveis de desenvolvimento que façam com que os jovens permaneçam na região, é fundamental a criação de empregos em outras áreas produtivas, principalmente na de serviços, já que não há vocação para a indústria na cidade.

Dentre as diversas atividades possíveis, o turismo destacou-se desde que a estrada entre Conselheiro Lafaiete, na BR 040, e Santana dos Montes foi asfaltada. Essa melhoria trouxe um novo ciclo econômico para a cidade, que se viu estagnada em 1957 com o asfaltamento do traçado da ligação entre Rio de Janeiro e Belo Horizonte, distante 18 km de Santana dos Montes. Com isso, toda a infraestrutura urbana e de serviços ficou concentrada em Conselheiro Lafaiete, fazendo com que uma simples internação ou consulta médica necessariamente ocorresse naquela cidade. A população de Santana dos Montes permaneceu também na casa dos 4 mil habitantes, com alta taxa de evasão dos jovens, que permanentemente se estabeleciam em Conselheiro Lafaiete.

O asfaltamento desse trecho ocorreu apenas em outubro de 2007, trazendo assim o acesso tão esperado pela população local. Esse processo suscitou também a preocupação com a preservação da história do município. Dessa forma, a administração local, representada principalmente pelo secretário de Cultura, Turismo e Desenvolvimento da época, Sr. José Geraldo Dutra, decidiu fortemente dirigir esforços para a consolidação de um turismo ligado ao patrimônio cultural local. Esse turismo estaria ligado ao aproveitamento da área rural da cidade, que conta com cerca de 196,5 km², com dezenas de fazendas históricas e possibilidades de restauração e preservação do patrimônio histórico representativo da época do ouro.

As fazendas históricas

No Brasil, temos basicamente três tipos de fazendas históricas: as do período do açúcar, as do período do café e as do período do ouro. Cada uma dessas estruturas tem uma caracterização geográfica e estrutural diferente. As do período do açúcar, localizadas em grande quantidade no Nordeste brasileiro, foram construídas nos moldes de casa-grande e senzala, com grandes estruturas de engenho, dado que a produção de açúcar era tipicamente um processo de exploração e envio do produto para a Europa. Dessa forma, a monocultura era predominante, com grandes áreas de plantação de cana.

> Por sua vez, as fazendas de café, que vieram nos séculos XIX e XX, localizadas nos estados de São Paulo e Minas Gerais, tinham estrutura de casas para os imigrantes, basicamente italianos, além de terreiros para a secagem de café, que ficavam próximos de onde moravam os proprietários. Essa estrutura, em virtude da permanência dos imigrantes, trouxe um cenário de vilas para as fazendas da época.
> Já as fazendas do período do ouro, típicas de regiões próximas das minas, como no caso de Santana dos Montes, tinham a característica de abastecer essas regiões com os produtos agropecuários necessários para a sobrevivência dos mineiros.

Desse período restou cerca de uma dezena de fazendas centenárias em Santana dos Montes, cujas características típicas, tais como fontes com bebedouros para os animais dos tropeiros, armazéns frontais com acomodações nas laterais, formando a letra "U", além de estábulo para cavalos, são edificações desses locais. Com a vinda do asfalto, algumas fazendas começaram a ser remodeladas para atender a turistas, já que a curta distância de centros emissores de turistas, como Belo Horizonte e Juiz de Fora, favorecia o acesso de quem procurava passar o final de semana na zona rural.

Porém, a preocupação municipal recaiu sobre a preservação das características originais desses locais. Diante dessa necessidade, houve grande esforço para a regulamentação dessas remodelações. A Secretaria de Cultura, Turismo e Desenvolvimento do município teve como trabalho principal fazer o inventário cultural, patrimonial e turístico de Santana dos Montes, de forma a elencar as principais necessidades de salvaguarda e preservação para os bens materiais e imateriais.

Dessa forma, foi feito um diagnóstico das fazendas e dos bens móveis do município, o que tornou possível saber quais bens eram passíveis de tombamento. Paralelamente, foi aprovada uma lei de tombamento municipal, criando critérios para os processos a serem montados. Criou-se também o Conselho Municipal de Patrimônio Cultural, responsável pela indexação e normatização dos processos, com a criação de livros de tombo municipais.

Essa experiência resultou no tombamento de fazendas, casas e bens móveis do município. Tudo isso está descrito no *site* de Santana dos Montes, que tem campo específico para o Patrimônio Cultural. Hoje, o município tem o seu centro histórico e a Igreja de Sant'anna tombados, além de seis fazendas e do Grupo de Violeiros da cidade. Dessas fazendas tombadas, duas hoje funcionam como pousadas e duas estão em vias de se transformar em hotéis.

Apesar de não ser mais secretário de Cultura, Turismo e Desenvolvimento, José Geraldo Dutra hoje é o presidente do Conselho Municipal de Patrimônio Cultural e um dos grandes entusiastas do turismo cultural na cidade de Santana dos Montes.

> **PARA SABER MAIS**
>
> Para saber mais sobre o assunto, acesse o *site* do município: SANTANA DOS MONTES. Disponível em: <http://www.santanadosmontes.mg.gov.br>. Acesso em: 19 dez. 2014.

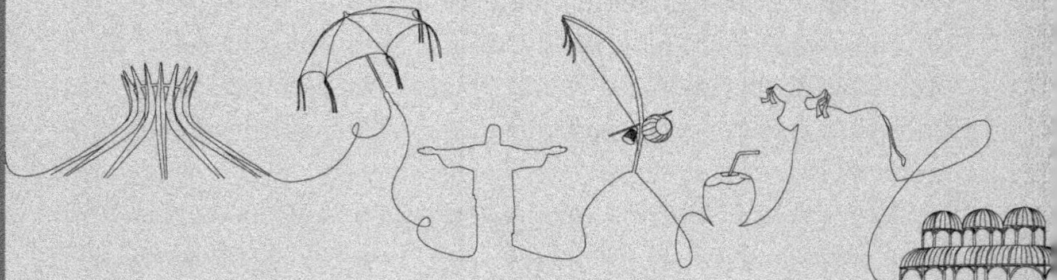

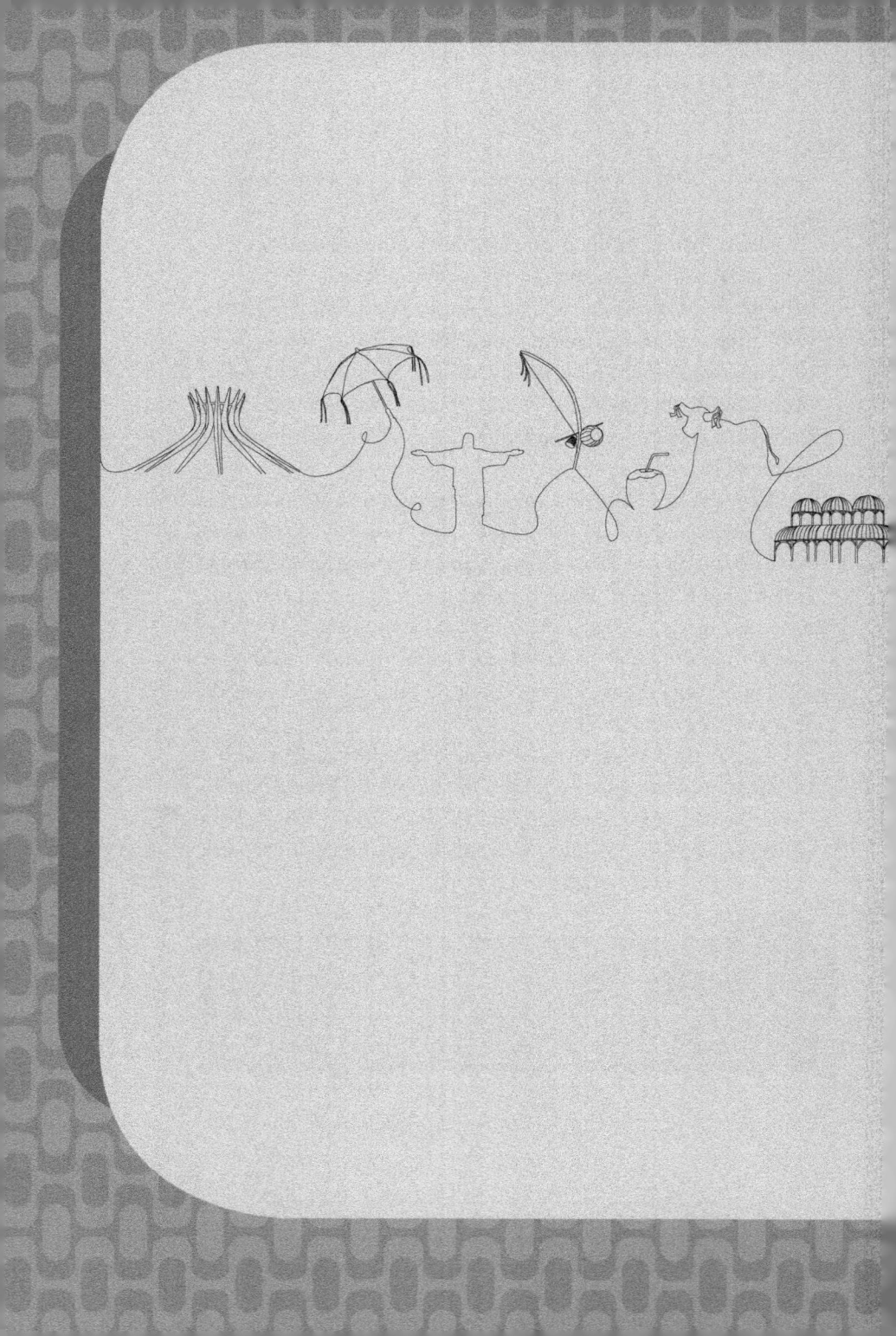

Referências

AGRITEMPO – Sistema de Monitoramento Agrometeorológico. Dados meteorológicos: Goiás. Disponível em: <www.agritempo.gov.br>. Acesso em: 12 jul. 2014.

ALTO Paraíso – GO. Revista Turismo, 2002. Disponível em: <http://www.revistaturismo.com.br/Dicasdeviagem/altoparaiso.htm>. Acesso em: 14 jan. 2012.

ALVES, R. Destruição causada pela chuva em Goiás Velho poderia ter sido evitada. Correio Braziliense, 17 jan. 2011. Disponível em: <http://www.correiobraziliense.com.br/app/noticia/cidades/2011/01/17/interna_cidadesdf,232712/destruicao-causada-pela-chuva-em-goias-velho-poderia-ter-sido-evitada.shtml>. Acesso em: 10 ago. 2014.

BISPO, M. N. Políticas públicas e o patrimônio histórico: das primeiras ações a economia da cultura. Revista Contemporânea, Rio de Janeiro, v. 9, n. 1, 2011. Disponível em: <http://www.e-publicacoes.uerj.br/index.php/contemporanea/article/view/1253>. Acesso em: 10 ago. 2014.

BOMFIM, N. R.; ARGÔLO, D. S. Análise discursiva da relação entre atividade turística, apropriação do território e patrimônio: contribuições para o planejamento sustentável do turismo Bahia-Brasil. Pasos – Revista de Turismo y Patrimonio Cultural, v. 7, n. 2. p. 297-305, 2009. Disponível em: <http://www.pasosonline.org/Publicados/7209/PS0209_11.pdf>. Acesso em: 10 ago. 2014.

BRASIL. Constituição. Diário Oficial da União, Brasília, DF, 5 out. 1988. Disponível em: <http://www.planalto.gov.br/ccivil_03/constituicao/constituicao.htm>. Acesso em: 11 ago. 2014.

_____. Decreto n. 49.874, de 11 de janeiro de 1961. Diário Oficial da União, Poder Executivo, Brasília, DF, 12 jan. 1961a. Disponível em: <http://www2.camara.leg.br/legin/fed/decret/1960-1969/decreto-49874-11-janeiro-1961-389179-publicacaooriginal-1-pe.html>. Acesso em: 10 maio 2012.

_____. Decreto n. 49.875, de 11 de janeiro de 1961. Diário Oficial da União, Poder Executivo, Brasília, DF, 12 jan. 1961b. Disponível em: <http://www.planalto.gov.br/ccivil_03/decreto/Antigos/D49875.htm>. Acesso em: 10 maio. 2012.

BRASIL. Decreto n. 83.549, de 5 de junho de 1979. Diário Oficial da União, Poder Executivo, Brasília, DF, 6 jun. 1979. Disponível em: <http://www2.camara.leg.br/legin/fed/decret/1970-1979/decreto-83549-5-junho-1979-432853-publicacaooriginal-1-pe.html>. Acesso em: 10 ago. 2014.

BRASIL. Decreto-Lei n. 1.035, de 10 de janeiro de 1939. Diário Oficial da União, Poder Legislativo, Rio de Janeiro, GB, 11 jan. 1939. Disponível em: <http://www2.camara.leg.br/legin/fed/declei/1930-1939/decreto-lei-1035-10-janeiro-1939-372797-publicacaooriginal-1-pe.html>. Acesso em: 11 ago. 2014.

BRASIL. Lei n. 378, de 13 de janeiro de 1937. Diário Oficial da União, Poder Legislativo, Rio de Janeiro, GB, 15 jan. 1937. Disponível em: <http://legis.senado.gov.br/legislacao/ListaPublicacoes.action?id=102716>. Acesso em: 11 ago. 2014.

BRASIL. Ministério do Turismo. Desembarques internacionais. Disponível em: <http://dadosefatos.turismo.gov.br/dadosefatos/estatisticas_indicadores/desembarques_internacionais/>. Acesso em: 17 abr. 2015.

_____. Hábitos de consumo do turismo do brasileiro. 2009. Disponível em: <http://www.turismo.gov.br/export/sites/default/turismo/noticias/todas_noticias/Noticias_download/13.11.09_Pesquisa_Hxbitos_2009.pdf>. Acesso em: 17 abr. 2015.

_____. Marcos conceituais. Disponível em: <http://www.turismo.gov.br/turismo/programas_acoes/regionalizacao_turismo/estruturacao_segmentos/turismo_cultural.html>. Acesso em: 11 nov. 2014.

BRASIL. Ministério do Turismo. Assessoria de Comunicação Social. Mais turismo, mais desenvolvimento: indicadores. Brasília: [s.n.], 2013. Disponível em: <http://www.turismo.gov.br/export/sites/default/turismo/noticias/todas_noticias/Noticias_download/Cartilha_Mais_Turismo_mais_desenvolvimento_2013.pdf>. Acesso em: 16 jan. 2015.

BRASÍLIA50.INFO. Willkommen auf der Internetseite der Wanderausstellung "Brasília – Von der Utopie zur Hauptstadt". 2013. Disponível em: <http://www.brasilia50.info/>. Acesso em: 10 ago. 2014.

BRUNO, A.; CUNHA FILHO, F. H. (Org.). Normas básicas da atividade cultural. Fortaleza: Inesp; Assembleia Legislativa do Estado do Ceará, 1998.

CAPONERO, M. C.; LEITE, E. Inter-relações entre festas populares, políticas públicas, patrimônio imaterial e turismo. Patrimônio: lazer e turismo, v. 7, n. 10, p. 99-113, abr./maio/jun. 2010. Disponível em: <http://www.unisantos.br/pos/revistapatrimonio/pdf/Ensaio1_v7_n10_abr_mai_jun2010_Patrimonio_UniSantos_(PLT_21).pdf>. Acesso em: 10 ago. 2014.

CAVALCANTI, F. R. Relatório da 1ª Missão Cruls: reconhecimento da Chapada dos Veadeiros (1894). Brazilia.jor, 2012. Disponível em: <http://www.brazilia.jor.br>. Acesso em: 13 jan. 2012.

CAVALLINI, M. Como vencer o "pânico" da interpretação de textos. 15 set. 2009. Disponível em: <http://g1.globo.com/Noticias/Concursos_Empregos/0,,MUL159739-9654,00.html>. Acesso em: 9 nov. 2012.

CHAIM, M. M. Aldeamentos indígenas (Goiás 1749-1811). 2. ed. São Paulo: Nobel, 1983.

CHAPADA dos Veadeiros. Disponível em: <http://viagem.uol.com.br/guia/brasil/chapada-dos-veadeiros/index.htm>. Acesso em: 10 ago. 2014.

CHAPADA DOS VEADEIROS.COM. História da Chapada dos Veadeiros. Disponível em: <http://www.chapadadosveadeiros.com/index.php/curiosidades/22-historia-chapada-veadeiros>. Acesso em: 13 jan. 2012.

CHUVA, M. Por uma história da noção de patrimônio cultural no Brasil. Revista do Patrimônio Histórico Nacional, Rio de Janeiro, p. 147-165, [S.d.]. Disponível em: <http://www.iphan.gov.br/baixaFcdAnexo.do?id=3304>. Acesso em: 10 ago. 2014.

CHVAICER, R. Aldeia Maracanã. 2013. Disponível em: <http://depaulaohistoriador.blogspot.com.br/2013_01_01_archive.html>. Acesso em: 11 nov. 2014.

CIDADES HISTÓRICAS BRASILEIRAS. Disponível em: <http://www.cidadeshistoricas.art.br/saoluis/sl_his_p.php>. Acesso em: 10 ago. 2014a.

CIDADES HISTÓRICAS BRASILEIRAS. Disponível em: <http://www.cidadeshistoricas.art.br/costadodescobrimento/cd_hist_p.php>. Acesso em: 10 ago. 2014b.

CUNHA, D. F. S. Patrimônio cultural: proteção legal e constitucional. Rio de Janeiro: Letra Legal, 2004.

CUNHA FILHO, F. H. (Org.). Cartilha dos direitos culturais. Fortaleza: Secção Ceará da Ordem dos Advogados do Brasil, 2004.

CUNHA FILHO, F. H. Direitos culturais no Brasil. Revista Observatório Itaú Cultural, São Paulo, v. 11, p. 115-126, 2011.

DI BITETTI, M. S.; PLACCI, G.; DIETZ, L. A. Uma visão de biodiversidade para a ecorregião de florestas do Alto Paraná: Bioma Mata Atlântica – planejando a paisagem de conservação da biodiversidade e estabelecendo prioridades para ações de conservação. Washington: World Wildlife Fund, 2003. Disponível em: <http://d3nehc6yl9qzo4.cloudfront.net/downloads/altoparana_versao_completa_portugues.pdf>. Acesso em: 10 ago. 2014.

DICIONÁRIO CALDAS AULETE. Disponível em: <http://www.aulete.com.br>. Acesso em: 11 de nov. 2014.

DIENER, P. O catálogo fundamentado da obra de J. M. Rugendas: e algumas ideias para a interpretação de seus trabalhos sobre o Brasil. Revista USP, São Paulo, n. 30, p. 46-57, jun./ago. 1996. Disponível em: <http://www.usp.br/revistausp/30/04-diener.pdf>. Acesso em: 16 jan. 2015.

EU TENHO a palavra. Direção: Lilian Solá Santiago. Brasil: 2010. Disponível em: <http://etnodoc.org.br/indexe33f.html?option=com_content&view=article&id=41%3Aeu-tenho-a-palavra&catid=7%3Afilmes-2009&Itemid=41>. Acesso em: 19 dez. 2014.

E-ALMANACH. Disponível em: <http://e-almanach.blogspot.com.br>. Acesso em: 10 ago. 2014.

EMBRATUR – Instituto Brasileiro de Turismo. Disponível em: <http://www.embratur.gov.br>. Acesso em: 11 de nov. 2014.

ERA VIRTUAL. Disponível em: <http://www.eravirtual.org>. Acesso em: 11 nov. 2014.

EUROMONITOR INTERNACIONAL. Top 100 City Destinations Ranking. Disponível em: <http://blog.euromonitor.com/2014/01/euromonitor-internationals-top-city-destinations-ranking.html>. Acesso em: 11 nov. 2014.

FERREIRA, M. N. As festas populares na expansão do turismo. São Paulo: Arte e Ciência, 2001.

FUMDHAM – Fundação Museu do Homem Americano. Parque Nacional Serra da Capivara. Disponível em: <http://www.fumdham.org.br/parque.asp>. Acesso em: 10 ago. 2014.

FUNDAÇÃO BIBLIOTECA NACIONAL. Histórico. Disponível em: <http://www.bn.br/biblioteca-nacional/historico>. Acesso em: 11 ago. 2014.

GAUDITANO, R.; TIRAPELI, P. Festas de fé. São Paulo: Metalivros, 2003.

GOMES, M. E. Patrimônio cultural e turismo: estudo de caso sobre a relação entre o órgão Arp Schinitger e a população local de Mariana, MG. In: ENCONTRO DE ESTUDOS MULTIDISCIPLINARES EM CULTURA, 3., 2007, Salvador. Anais... Faculdade de Comunicação – UFBA, Salvador, 2007. Disponível em: <http://www.cult.ufba.br/enecult2007/MarianaEliasGomes.pdf>. Acesso em: 10 ago. 2014.

GROPPO, L. A. (Org.). Vamos para a festa: Turismo e festa popular. São Paulo: Cabral, 2005.

GUIA DE CACHOEIRAS. Águas termais. Disponível em: <http://www.guiadecachoeiras.com.br/parques_pontos_turisticos.php?cod_ponto=3677&cod_tipo=4&cod_parque=22>. Acesso em: 16 jan. 2012.

_____. Cachoeiras Almécegas 1 e 2. Disponível em: <http://www.guiadecachoeiras.com.br/parques_pontos_turisticos.php?cod_ponto=3665&cod_tipo=3&cod_parque=22>. Acesso em: 14 jan. 2012.

_____. Canyon 2 e cachoeiras cariocas. Disponível em: <http://www.guiadecachoeiras.com.br/parques_pontos_turisticos.php?cod_ponto=3663&cod_tipo=3&cod_parque=22>. Acesso em: 16 jan. 2012.

GUIA DE CACHOEIRAS. Parque Nacional da Chapada dos Veadeiros: dados gerais. Disponível em: <http://www.guiadecachoeiras.com.br/conteudo_parques.php?parque=PARQUE%20NACIONAL%20DA%20CHAPADA%20DOS%20VEADEIROS&cod_parque=22&cod_tipo=1>. Acesso em: 14 jan. 2012.

GUIA DE CACHOEIRAS. Raizama. Disponível em: <http://www.guiadecachoeiras.com.br/parques_pontos_turisticos.php?cod_ponto=3673&cod_tipo=3&cod_parque=22>. Acesso em: 14 jan. 2012.

_____. Saltos do Rio Preto. Disponível em: <http://www.guiadecachoeiras.br/parques_pontos_turisticos.php?cod_ponto=3661&cod_tipo=3&cod_parque=22>. Acesso em: 15 jan. 2012.

HOUAISS, A.; VILLAR, M. de S.; FRANCO, F. M. de M. Dicionário Houaiss da língua portuguesa. versão 3.0. Rio de Janeiro: Instituto Antônio Houaiss; Objetiva, 2009. 1 CD-ROM.

IBGE – Instituto Brasileiro de Geografia e Estatística. Área territorial brasileira. Disponível em: <http://www.ibge.gov.br/home/geociencias/cartografia/default_territ_area.shtm>. Acesso em: 5 dez. 2010a.

_____. Censo 2010: população do brasil é de 190.732.694 pessoas. 29 nov. 2010b. Disponível em: <http://censo2010.ibge.gov.br/noticias-censo?view=noticia&id=1&idnoticia=1766&t=censo-2010-populacao-brasil-190-732-694-pessoas>. Acesso em: 11 dez. 2010.

_____. Dados históricos dos censos: população presente, por sexo - 1872-1920. Disponível em: <http://www.ibge.gov.br/home/estatistica/populacao/censohistorico/1550_1870.shtm>. Acesso em: 10 ago. 2014a.

_____. Dados históricos dos censos: população residente, por situação do domicílio e por sexo - 1940-1996. Disponível em: <http://www.ibge.gov.br/home/estatistica/populacao/censohistorico/1940_1996.shtm>. Acesso em: 27 abr. 2015.

_____. Países. Disponível em: <http://www.ibge.gov.br/paisesat/main.php>. Acesso em: 10 ago. 2014b.

_____. Produto Interno Bruto dos municípios 2004-2008. Disponível em: <http://www.ibge.gov.br/home/estatistica/economia/pib municipios/2004_2008>. Acesso em: 11 dez. 2010c.

ICMBio – Instituto Chico Mendes de Conservação da Biodiversidade. Parque Nacional da Chapada dos Veadeiros. Disponível em: <http://www.icmbio.gov.br/parnachapadadosveadeiros>. Acesso em: 13 jan. 2012a.

_____. Parna da Chapada dos Veadeiros. Disponível em: <http://www.icmbio.gov.br/portal/biodiversidade/unidades-de-conservacao/biomas-brasileiros/cerrado/unidades-de-conservacao-cerrado/2081-parna-da-chapada-dos-veadeiros.html>. Acesso em: 10 mai. 2012b.

ICMBio – Instituto Chico Mendes de Conservação da Biodiversidade. Plano de manejo da reserva biológica do Atol das Rocas. Brasília, 2007. Disponível em: <http://www.icmbio.gov.br/portal/images/stories/imgs-unidades-coservacao/rebio_atol-das-rocas.pdf>. Acesso em: 14 jan. 2012.

_____. Reserva biológica Atol das Rocas. Disponível em: <http://sistemas.mma.gov.br/portalcnuc/rel/index.php?fuseaction=portal.exibeUc&idUc=203>. Acesso em: 13 jan. 2012c.

IEB-USP – INSTITUTO DE ESTUDOS BRASILEIROS. Disponível em: <http://www.ieb.usp.br>. Acesso em: 11 nov. 2014.

INCAER – Instituto Histórico-Cultural da Aeronáutica. Entronização do Ten Brig Ar Paulo Roberto Cardoso Vilarinho no Conselho Superior do Incaer. Disponível em: <https://www.incaer.aer.mil.br/Not59.pdf>. Acesso em: 10 ago. 2014.

INFRAERO – Empresa Brasileira de Infraestrutura Aeroportuária. Disponível em: <http://www.infraero.gov.br>. Acesso em: 11 nov. 2014.

IPHAN – Instituto do Patrimônio Histórico e Artístico Nacional. Arquivo: Noronha – Santos. Disponível em: <http://www.iphan.gov.br/ans>. Acesso em: 10 ago. 2014a.

_____. Inventário nacional de referências culturais – INRC. Disponível em: <http://portal.iphan.gov.br/portal/montarPaginaSecao.do?id=13493&retorno=paginaIphan>. Acesso em: 10 ago. 2014b.

_____. Missões jesuítas guaranis: no Brasil, ruínas de São Miguel das Missões. Disponível em: <http://portal.iphan.gov.br/montarDetalheConteudo.

do;jsessionid=F4794396D02B497213F6111E706A15E2?id=17248&sigla=Institucional&retorno=detalheInstitucional>. Acesso em: 17 abr. 2015a.

IPHAN – Instituto do Patrimônio Histórico e Artístico Nacional. Normatização de cidades históricas: orientações para elaboração de diretrizes e normas de preservação para áreas urbanas tombadas. Disponível em: <http://portal.iphan.gov.br/portal/baixaFcdAnexo.do?id=2375>. Acesso em: 10 ago. 2014c.

_____. Ouro Preto (MG). Disponível em: <http://portal.iphan.gov.br/portal/montarPaginaSecao.do;jsessionid=C8A07C68C0AB14EAB447EEA1E7BCAEF1?id=18091&retorno=paginaIphan>. Acesso em: 11 ago. 2014d.

_____. Patrimônio material. Disponível em: <http://portal.iphan.gov.br/portal/montarPaginaSecao.do?id=12297&retorno=paginaIphan>. Acesso em: 17 abr. 2015b.

_____. Portaria n. 11, de 11 de setembro de 1986. Disponível em: <http://portal.iphan.gov.br/portal/baixaFcdAnexo.do?id=325>. Acesso em: 11 ago. 2014e.

_____. Portaria n. 312, de 20 de outubro de 2010. Disponível em: <http://www.iphan.gov.br/portal/baixaFcdAnexo.do?id=2107>. Acesso em: 11 ago. 2014f.

JOSÉ, P. Os misticismos da Chapada dos Veadeiros. 1º out. 2006. Disponível em: <http://www.overmundo.com.br/overblog/os-misticismos-da-chapada-dos-veadeiros>. Acesso em: 15 jan. 2012.

LARA, A. M. dos S. A proteção do patrimônio cultural imaterial das comunidades quilombolas. Jus Navigandi, ago. 2010. Disponível em: <http://jus.com.br/artigos/17261/a-protecao-do-patrimonio-cultural-imaterial-das-comunidades-quilombolas#ixzz39zg39OOh>. Acesso em: 8 ago. 2014.

LIMA VAZ, H. Antropologia filosófica. 7. ed. São Paulo: Loyola, 2004.

MEIRELLES, V. Batalha dos Guararapes. 1879. 1 óleo sobre tela: color.; 500 × 925 cm. Museu Nacional de Belas Artes, Rio de Janeiro.

MENDES, J. C. O. Pantanal Mato-Grossense já foi mar? In: _____. Conheça o solo brasileiro. São Paulo: Polígono, 1968. p. 79-84.

MINISTÉRIO DA FAZENDA. Portaria n. 320, de 20 de outubro de 2010. Diário Oficial da União, Brasília, DF, 20 maio 2010. Disponível em: <http://www.fazenda.gov.br/institucional/legislacao/2010/portaria320>. Acesso em: 11 ago. 2014.

MINISTÉRIO DO MEIO AMBIENTE. Secretaria de Biodiversidade e Florestas. Departamento de Áreas Protegidas. Cadastro Nacional de Unidades de Conservação. Relatório Parametrizado: Unidade de Conservação. Disponível em: <http://sistemas.mma.gov.br/cnuc/index.php?ido=relatorioparametrizado.exibeRelatorio&relatorioPadrao=true&idUc=139>. Acesso em: 10 maio 2012.

MINISTÉRIO DO TURISMO. Estatísticas básicas de turismo: Brasil – Ano 2013. Brasília, 2014. Disponível em: <http://www.dadosefatos.turismo.gov.br/dadosefatos/estatisticas_indicadores/estatisticas_basicas_turismo>. Acesso em: 27 abr. 2015.

MURTA, S. M.; ALBANO, C. (Org.). Interpretar o patrimônio: um exercício do olhar. Belo Horizonte: UFMG; Território Brasilis, 2002.

NEW 7 WONDERS. Disponível em: <http://www.new7wonders.com>. Acesso em: 10 ago. 2014.

OMT – Organização Mundial do Turismo. Disponível em: <http://www2.unwto.org>. Acesso em: 11 nov. 2014.

PEIXOTO, P. O patrimônio mundial como fundamento de uma comunidade humana e como recurso das indústrias culturais urbanas. Disponível em: <http://www.ces.uc.pt/publicacoes/oficina/ficheiros/155.pdf>. Acesso em: 10 ago. 2014.

PERGUNTAS e respostas: patrimônio cultural. Veja.com, maio 2009. Disponível em: <http://veja.abril.com.br/idade/exclusivo/perguntas_respostas/patrimonio-historico/patrimonio-cultural-tombamento-restauracao.shtml>. Acesso em: 11 ago. 2014.

PERNAMBUCO (Governo). Arquipélago de Fernando de Noronha. Disponível em: <http://www.noronha.pe.gov.br>. Acesso em: 10 ago. 2014.

PNUD – Programa das Nações Unidas para o Desenvolvimento. Ranking decrescente IDH-M Municípios 2000. Disponível em: <http://www.

pnud.org.br/atlas/ranking/Ranking-IDHM-Municipios-2000.aspx>. Acesso em: 11 out. 2008.

PORTAL SÃO FRANCISCO. Parque Nacional da Chapada dos Veadeiros. Disponível em: <http://www.portalsaofrancisco.com.br/alfa/meio-ambiente-parques-nacionais-brasileiros/parque-nacional-da-chapada-dos-veadeiros.php>. Acesso em: 13 jan. 2012.

PORTAL UFS – Universidade Federal de Sergipe. Disponível em: <www.ufs.br>. Acesso em: 10 ago. 2014.

PORTO, A. F. Turismo e cultura: olhares estrangeiros sobre o carnaval do Brasil. 201 f. Tese (Doutorado em Ciências Sociais) – Pontifícia Universidade Católica de São Paulo, São Paulo, 2009. Disponível em: <http://www.sapientia.pucsp.br//tde_busca/arquivo.php?codArquivo=9929>. Acesso em: 10 ago. 2014.

PRAÇA em São Cristóvão, no Sergipe, agora é Patrimônio da Humanidade. UOL Viagem, 1º ago. 2010. Disponível em: <http://viagem.uol.com.br/noticias/efe/2010/08/01/praca-em-sao-cristovao-no-sergipe-agora-e-patrimonio-da-humanidade.htm>. Acesso em: 10 ago. 2014.

PRODETUR/NE – Programa de Desenvolvimento do Turismo no Nordeste. Patrimônio histórico. Disponível em: <http://www.bnb.gov.br/content/aplicacao/prodetur/downloads/docs/se_3_4_patrimonio_historico_e_cultural_090708.pdf>. Acesso em: 10 ago. 2014.

RANKBRASIL. Santos Dumond inventou o primeiro avião do mundo. 20 jul. 2012. Disponível em: <http://www.rankbrasil.com.br/Recordes/Materias/06xV/Santos_Dumont_Inventou_O_Primeiro_Aviao_Do_Mundo>. Acesso em: 31 mar. 2015.

REISEWITZ, L. Direito ambiental e patrimônio cultural: direito à preservação da memória, ação e identidade do povo brasileiro. São Paulo: Juarez de Oliveira, 2004.

RESERVA DA BIOESFERA DA MATA ATLÂNTICA. Disponível em: <http://www.rbma.org.br/index.asp>. Acesso em: 10 ago. 2014.

RIBEIRO, A. V. Estimativas sobre o volume do tráfico transatlântico de escravos para a Bahia, 1582-1851. ANPUH – Simpósio Nacional de

História, 13., Londrina, 2005. Anais... Disponível em: <http://anpuh.org/anais/?p=18421>. Acesso em: 10 ago. 2014.

RIBEIRO, D. A fundação do Brasil, 1500/1700. Revista de História, Universidade de São Paulo, n. 127-128, 1993. Disponível em: <http://www.revistas.usp.br/revhistoria/article/view/18702>. Acesso em: 10 ago. 2014.

_____. As Américas e a civilização: processo de formação e causas do desenvolvimento cultural desigual dos povos americanos. Rio de Janeiro: Civilização Brasileira, 1970.

_____. O povo brasileiro: a formação e o sentido do Brasil. São Paulo: Companhia das Letras, 1995.

_____. Mestiço é que é bom. Rio de Janeiro: Revan, 1997.

RUGENDAS, J. M. Fête de Ste. Rosalie, patrone des nègres. 1821-1825. Reprod.: color.; 54 × 34 cm, 1 gravura em papel.

SALAMUNI, R. et al. Parque Nacional do Iguaçu, PR: cataratas de fama mundial. In: SCHOBBENHAUS, C. et al. (Ed.). Sítios geológicos e paleontológicos do Brasil. SIGEP, 2002. Disponível em: <http://sigep.cprm.gov.br/sitio011/sitio011.pdf>. Acesso em: 10 ago. 2014.

SANTANA DOS MONTES. Palco de nossa história. Disponível em: <http://www.santanadosmontes.mg.gov.br/site>. Acesso em: 16 jan. 2015.

SEADON, R. H. L. Brasil: norte, sul, leste, oeste. São Paulo: Talento, 2000.

SENADO FEDERAL. Do quadrilátero Cruls ao patrimônio histórico e cultural da humanidade. Disponível em: <http://www.senado.gov.br/noticias/especiais/brasilia50anos/not02.asp>. Acesso em: 27 abr. 2015.

SOCIOAMBIENTAL. Unesco amplia sítio do patrimônio natural da humanidade na Amazônia. 2003. Disponível em: <http://site-antigo.socioambiental.org/nsa/detalhe?id=1108>. Acesso em: 10 ago. 2014.

SOS MATA ATLÂNTICA. Disponível em: <http://www.sosma.org.br>. Acesso em: 11 nov. 2014.

SOUZA, C. G. G. de. Patrimônio cultural: o processo de ampliação de sua concepção e suas repercussões. Revista dos Estudantes da UNB, 7. ed., 2005.

SOUZA, M. de M. E. Parati: a cidade e as festas. Rio de Janeiro: UFRJ; Tempo Brasileiro, 1994.

TAVARES, L. H. D. O primeiro século do Brasil: da expansão da Europa Ocidental aos governos gerais das terras do Brasil. Salvador: EDUFBA, 1999.

TEIXEIRA, M. de M. História do Museu do Índio. RioCarioca, 2 fev. 2013. Disponível em: <http://www.jornalriocarioca.com/jornal/historia-do-museu-do-indio-por-milton-teixeira>. Acesso em: 26 mar. 2015.

TUDO SOBRE CONCURSOS. Como interpretar textos. Disponível em: <http://www.tudosobreconcursos.com/materiais/portugues/como-interpretar-textos>. Acesso em: 27 abr. 2015.

UNESCO – Organização das Nações Unidas para a Educação, a Ciência e a Cultura. Disponível em: <http://www.unesco.org>. Acesso em 11 nov. 2014.

_____. O patrimônio: legado do passado ao futuro. Disponível em: <http://www.unesco.org/new/pt/brasilia/culture/world-heritage/heritage-legacy-from-past-to-the-future>. Acesso em: 3 fev. 2015a.

UNESCO. Cerrado Protected Areas: Chapada dos Veadeiros and Emas National Parks. 2001. Disponível em: <http://whc.unesco.org/en/list/1035>. Acesso em: 10 ago. 2014.

_____. Convenção para a Proteção do Patrimônio Mundial, Cultural e Natural. 1972. Disponível em: <http://unesdoc.unesco.org/images/0013/001333/133369por.pdf>. Acesso em: 19 mar. 2015.

_____. Convenção para a Salvaguarda do Patrimônio Cultural Imaterial. Paris, 17 out. 2003. Traduzido pelo Ministério das Relações Exteriores, Brasília, 2006. Disponível em: <http://www.iphan.gov.br/baixaFcdAnexo.do?id=4718>. Acesso em: 31 mar. 2015.

_____. Patrimônio Cultural no Brasil. Disponível em: <http://www.unesco.org/new/pt/brasilia/culture/world-heritage/cultural-heritage>. Acesso em: 3 fev. 2015b.

_____. Patrimônio Mundial no Brasil. 2. ed. Brasília: Unesco; Caixa Econômica Federal, 2002.

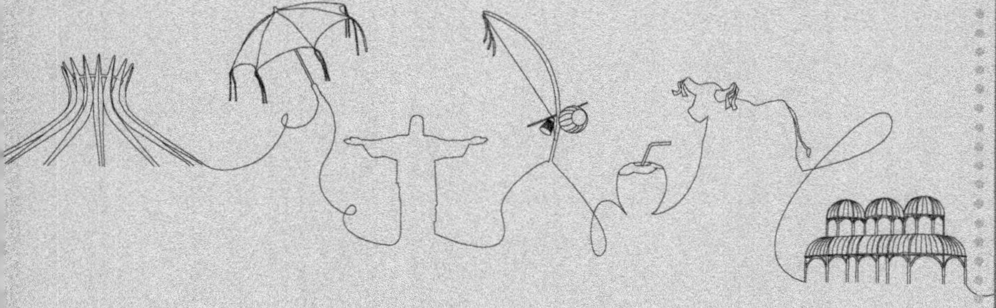

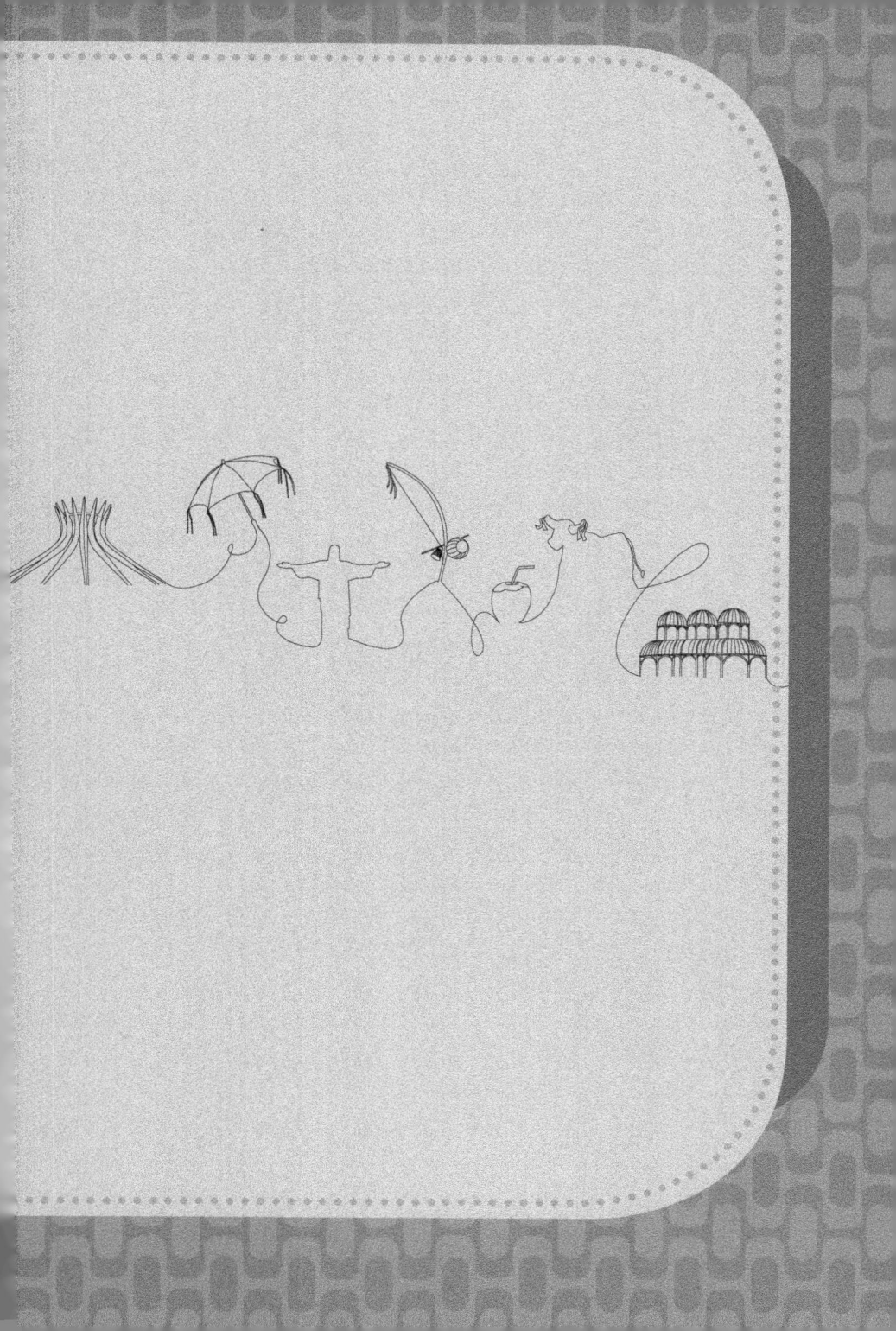

···RESPOSTAS···

1

Questões para revisão

1. c
2. d
3. c
4. O art. 216 da Constituição Federal (Brasil, 1988) define *patrimônio cultural brasileiro* como "os bens de natureza material e imaterial tomados individualmente ou em conjunto, portadores de referência à identidade e à memória dos diferentes grupos formadores da sociedade".
5. Carlos Drummond de Andrade mudou a forma de catalogação, criando dossiês sobre os diversos itens a serem tombados. Tal iniciativa fez com que todos os documentos relevantes para determinado bem a ser tombado integrassem esse dossiê, facilitando a compreensão acerca da importância e as formas de preservação. Após a criação dos dossiês, foi feita a indexação geográfica para identificar a localização do bem a ser tombado. Essa forma de catalogação permanece até hoje.

2

Questões para revisão

1. c
2. a
3. d
4. O Brasil tem seu nome associado ao turismo de sol e praia, além de ser considerado um país liberal no sentido afetivo. Além disso, mais de 80% da população vive no litoral atlântico. Dessa forma, a imagem divulgada e vendida como principal motivação turística do Brasil são suas cidades litorâneas.
5. O Brasil apresenta boas taxas de crescimento da economia do turismo em função do forte incremento do turismo interno, com aumentos de cerca de 8% ao ano. Esse resultado sustentou um crescimento do turismo acima das outras áreas da economia.

3

Questões para revisão

1. d
2. V, V, F, F
3. d

4. Para um imóvel mudar de uso é necessário que o novo uso não cause prejuízos ao bem e que haja harmonia entre a preservação das características do edifício e as adaptações ao novo uso. É necessária ainda a aprovação do órgão responsável pelo tombamento. Há, porém, exceções, casos em que a alteração do tipo de uso não é permitida.

5. O proprietário é o responsável pela manutenção geral do bem cultural. Ele pode se candidatar para receber verbas de leis de incentivo à cultura ou descontos de impostos prediais ou territoriais disponibilizados por algumas prefeituras.

4

Questões para revisão

1. d
2. b
3. d
4. No Brasil, ocorre a superlotação de locais históricos no período do Carnaval. Esse fenômeno é verificado principalmente em Olinda, Ouro Preto e Salvador (Pelourinho). A superlotação pode causar danos ao patrimônio se não houver cuidados especiais por parte da população local, dos empresários e do poder público.
5. O fato ocorrido foi o bombardeio e a destruição dos Budas do Afeganistão por parte do Talibã, grupo guerrilheiro daquele país.

5

Questões para revisão

1. d
2. d
3. d
4. Tombamento é a preservação de bens de valor histórico, cultural, arquitetônico, ambiental e afetivo para a população, por meio de um ato administrativo realizado pelo Poder Público, que determina que certos bens serão objeto de proteção especial.
5. O tombamento é apenas uma ferramenta para a preservação de um bem. Apesar de ser considerada a mais confiável, existem outras, que são de responsabilidade da União, dos estados e dos municípios, conforme estabelece a Constituição Federal de 1988. De acordo com o Iphan, o inventário é a primeira forma para o reconhecimento da importância dos bens culturais e ambientais, por meio do registro de suas características principais. Os planos diretores das cidades também estabelecem maneiras de preservação do patrimônio, assim como a criação de leis específicas que estabeleçam incentivos.

6

Questões para revisão

1. d
2. c
3. b

4. Não. Esse é o papel do Comitê do Patrimônio Mundial da Unesco (Organização das Nações Unidas para a Ciência e a Cultura), integrado por representantes de 21 países que se reúnem anualmente para votar as avaliações feitas por comissões técnicas da entidade. O Brasil dispõe de atualmente 19 patrimônios da humanidade e tem o compromisso de protegê-los e conservá-los.

5. O Brasil tem 19 bens considerados patrimônios da humanidade pela Unesco, entre os quais estão a cidade de Ouro Preto, o centro histórico de Olinda, o Plano Piloto de Brasília e a Mata Atlântica (Reservas do Sudeste). Já o Iphan tombou 676 itens, uma gama variada de bens que vai do Elevador Lacerda, em Salvador, à Casa de Vidro de Lina Bo Bardi, em São Paulo. Já o Condephaat da cidade de São Paulo tombou edificações como a Estação da Luz e a coleção Mário de Andrade do acervo do IEB-USP. Órgãos estaduais e municipais têm as próprias relações.

7

Questões para revisão

1. a

2. a

3. d

4. Na Região Norte, há a predominância de índios sobre os brancos, em sua maioria descendentes de portugueses, e sobre os negros, que são minoria na região. Já na Região Sul, há a predominância da colonização branca, com a presença de imigrantes portugueses, alemães e italianos. Os índios estão em segundo lugar em quantidade, e os negros são poucos.

5. Nos Estados Unidos, a colonização foi realizada por grupos nórdicos, com o traslado de famílias inteiras excluídas da nova agricultura europeia. Para elas, o índio era um detalhe, que "sujava" a paisagem idealizada pelos colonizadores. No Brasil, o processo colonizador se caracterizou

pela mescla dos colonizadores com os índios, com a clara intensão de se multiplicar a população que viria a ser utilizada como mão de obra. O apartheid dos nórdicos nos Estados Unidos opunha-se ao assimilacionismo dos portugueses.

8

Questões para revisão

1. d
2. c
3. d
4. Não. O registro é um instrumento de salvaguarda. Ao contrário do tombamento, cujo objetivo é a preservação das características originais de uma obra, móvel ou imóvel, esse processo trata apenas de salvaguardar o desejo de uma comunidade em manter viva uma tradição que pode vir a sofrer mudanças com o tempo. Um exemplo é o Ofício das Paneleiras de Goiabeiras, em que o registro preserva e repassa o saber do ofício da fabricação de panelas de barro feitas na cidade de Goiabeiras Velha, no Espírito Santo, que é indispensável para se fazer e servir a típica moqueca capixaba. Os livros de registros estão divididos em quatro categorias: formas de expressão, celebrações, lugares e saberes.
5. Resposta pessoal.

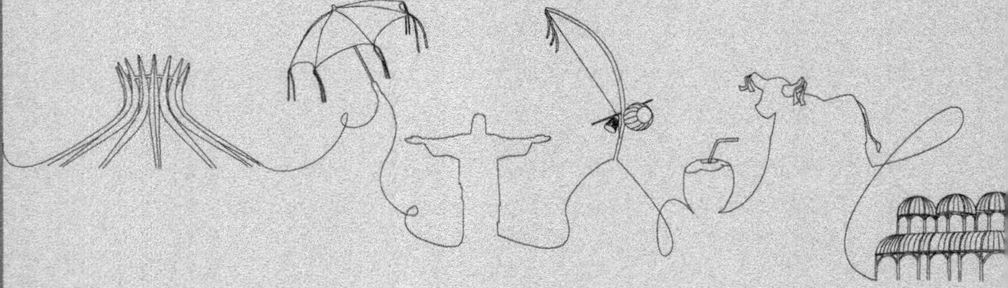

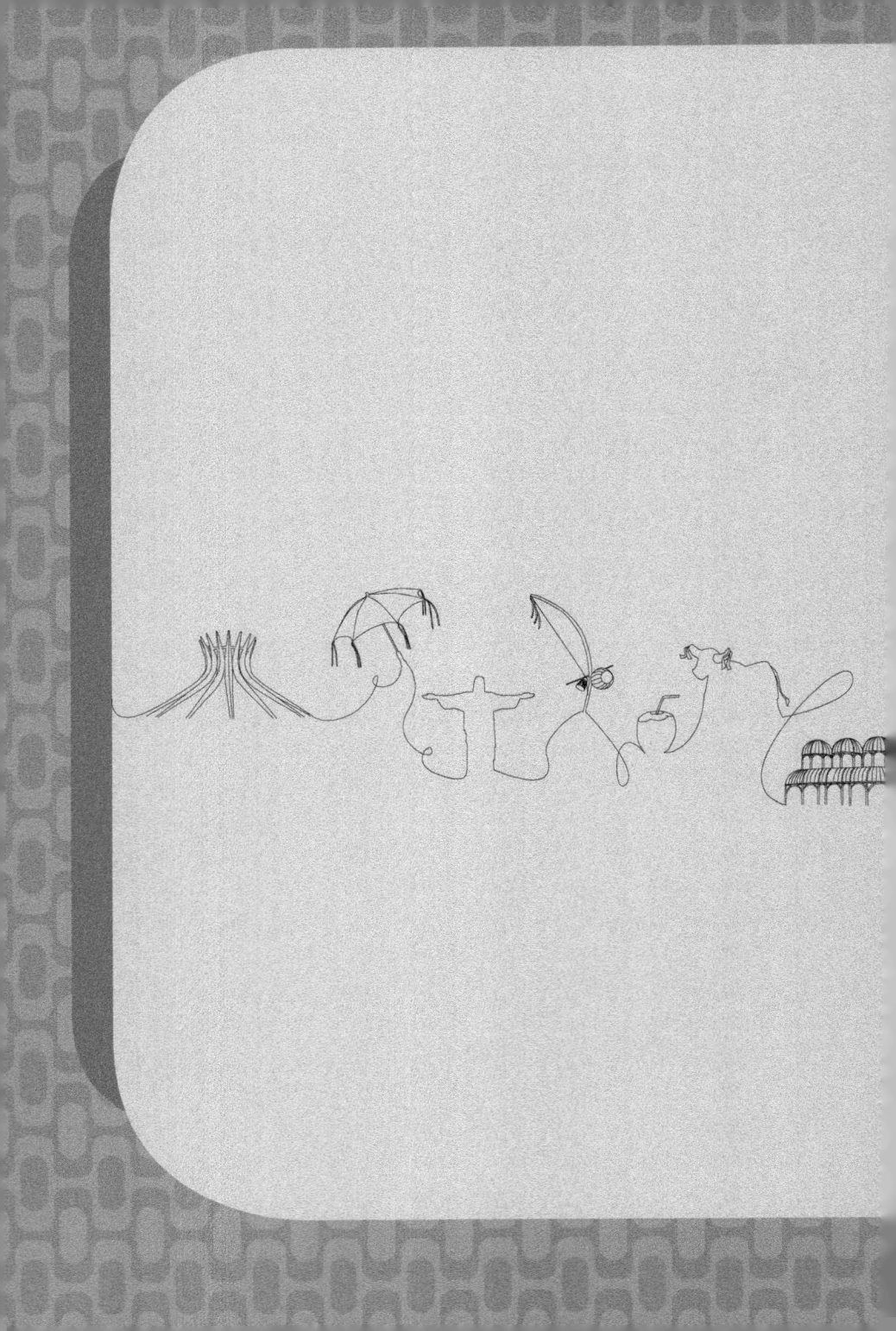

SOBRE O AUTOR

Aluísio Finazzi Porto é professor titular da Universidade Federal de Ouro Preto (Ufop), no Departamento de Turismo desde 2002, vice-diretor da Escola de Direito, Turismo e Museologia da Instituição e já atuou como chefe do Departamento de Turismo (2011/2014). É graduado em Administração de Empresas e mestre em Administração Pública e Governo, com ênfase em urbanismo e gestão local, pela Fundação Getulio Vargas (FGV-SP) e doutor em Ciências Sociais, com ênfase em urbanismo e relações internacionais, pela Pontifícia Universidade Católica (PUC-SP). Tem experiência na área de administração pública, agroecologia, cultura, educação, esportes, turismo e democracia participativa, com ênfase em planejamento estratégico, levantamento, pesquisa e análise de dados, capacitação, instrutoria e consultoria. Atua principalmente nos seguintes temas: planos municipais participativos, turismo, ecologia, certificação de origem, análise de pontos críticos de produção (APCP), arranjos produtivos locais (APLs), leis de incentivo à cultura, ao esporte e ao cinema e imagem do brasil no exterior.

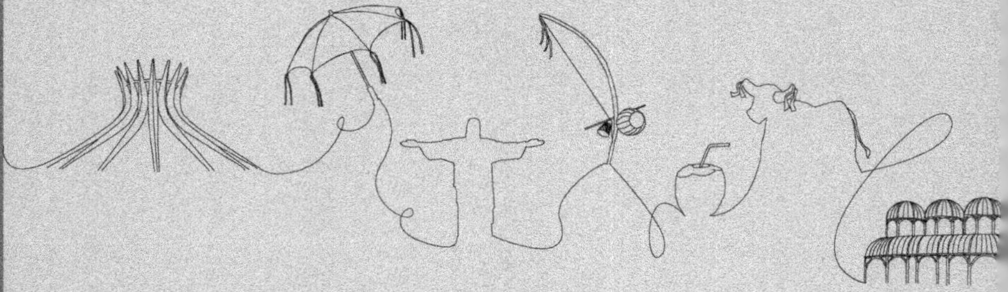

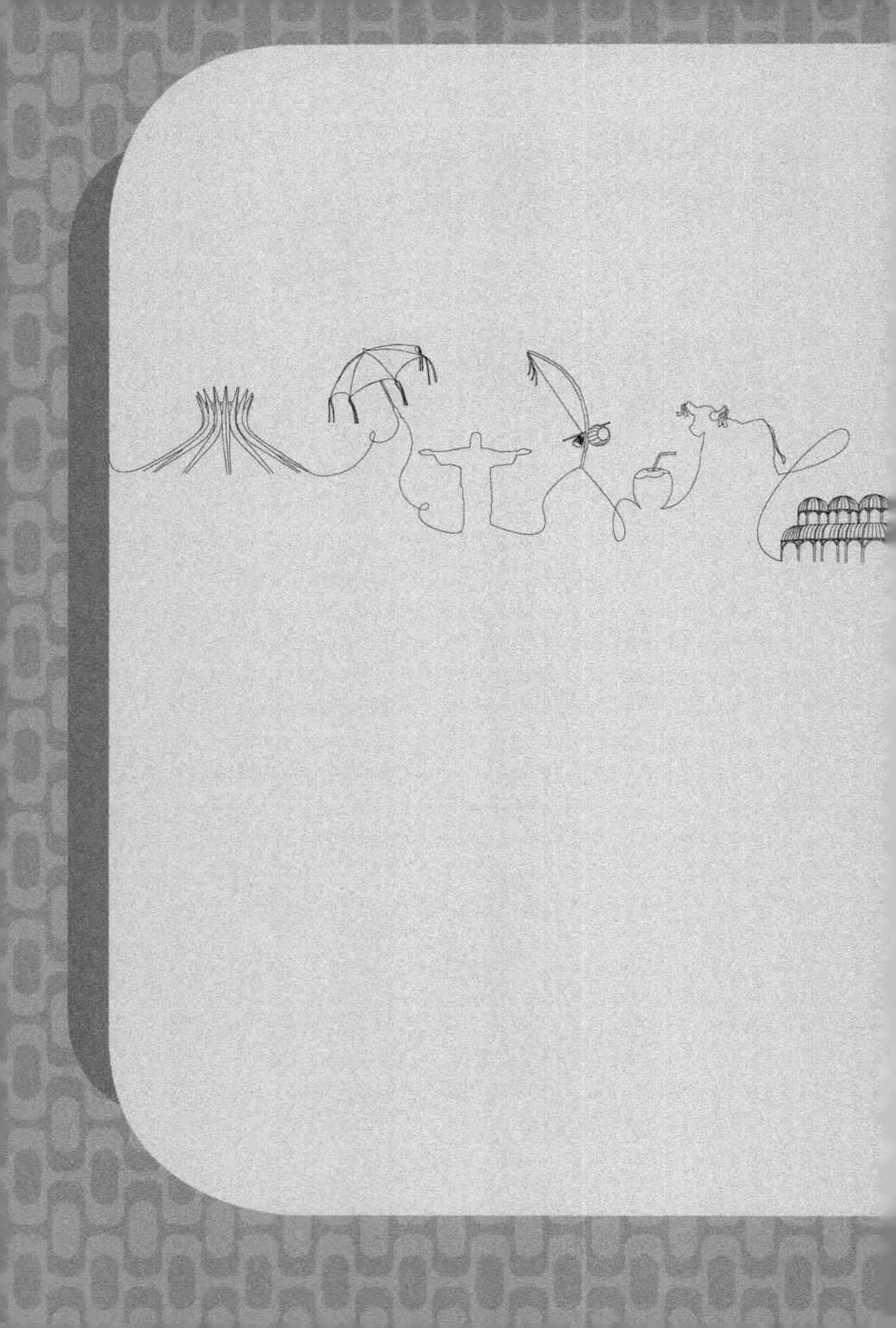

Os papéis utilizados neste livro, certificados por instituições ambientais competentes, são recicláveis, provenientes de fontes renováveis e, portanto, um meio sustentável e natural de informação e conhecimento.

FSC
www.fsc.org
MISTO
Papel produzido
a partir de
fontes responsáveis
FSC® C057341

Impressão: Log&Print Gráfica e Logística S.A.
Março/2022